今そこにある

多言語な
ニッポン

柿原武史・上村圭介・長谷川由起子（編）

Kurosio

くろしお出版

まえがき

　最近、大都市だけでなく、どこに行っても外国人の姿を目にするように
なりました。観光地を訪れると、世界各地からの観光客であふれかえって
います。また、よく行くコンビニや飲食店の店員さんが外国出身の方だと
思われることも多くなりました。そんな「出会い」はあっても、そうした
人たちと話したり、一緒に行動したりする機会は案外少ないのではないで
しょうか。すぐ近くにいる異なる言語や文化を背景に持つ人々が、遠い存
在になっているのは不自然と言わざるをえません。

　そこで、ことばの教育に携わる筆者らは、より多くの人が、日本で話さ
れているさまざまな言語に関心を持ち、その話し手たちを身近に感じられ
るきっかけを作りたいと考えました。

　確かに、いろいろなことばを耳にする機会は増えました。しかし、どこ
で誰がどんなことばを話しているのかはよくわかりません。たとえば、誰
もが容易につながれる SNS 上では、ことばの違いはどうやって乗り越え
られているのでしょうか。また、英語教育の重要性が叫ばれていますが、
私たちに必要なのは英語を話せることだけなのでしょうか。そして、さま
ざまなことばを話す人たちを生活者として受け入れる際には、地域社会や
行政機関、学校ではどのような対応がとられているのでしょうか。さらに、
AI の発展により機械翻訳の可能性に注目が集まっていますが、実際には
どの程度使われているのでしょうか。

　これらの疑問に答えるべく、本書ではさまざまなことばが使われている
「多言語な」現場を覗いてみます。具体的な現場を垣間見ることで、いか
に日本が多言語な空間であるのかを実感できることでしょう。本書では、
これまで何となく日本語が話されている空間として捉えられてきた日本の
イメージとは異なる多言語な空間として「ニッポン」という用語を用いま
す。さあ、私たちと一緒に多言語なニッポンに出かけませんか。

目　次

序章

今、そこにある多言語な世界

柿原武史

　2019年4月、「出入国管理及び難民認定法及び法務省設置法の一部を改正する法律」が施行されました。すでに報道されているように、今回のいわゆる「入管法の改正」は、人手不足に対応するために、外国人労働者の受け入れを拡大することを目指したものです。これを機に、外国人住民の増加に伴う課題についての議論が活発になりましたが、すでに私たちの周りには多くの外国人や、外国出身で日本国籍を有する人、日本生まれの外国人の子、国際結婚夫婦の子など、外国にルーツを持つ多様な人々が暮らしています。

　日本には以前から多様なルーツを持つ人々が暮らしていたのですが、多くの人が「日本には日本人が日本語を話して暮らしている」と考えていました。しかし、いまや日本に暮らす人々の多様化は誰の目にも明らかで、日常的にさまざまな言語を耳にするようになってきました。本書では、そうした多様な日本の姿を「ニッポン」と呼んで捉え直し、ニッポンの今を「言語」、さらには、それらを話す「人々」に焦点を当てて描き出します。そして、多様な言語に触れる機会が増えていくこれからの社会で、皆さんが、何をどうすればいいのかを考えていくヒントになればと考えています。

　すでにさまざまな言語を話す人々と日常的にふれあって暮らしている人も、ニッポンの言語の多様性に関心を持っている人も、これから紹介する具体的事例に興味を持っていただけると思います。

英語化だけではないグローバル化

　外国人への対応というと「英語が話せなければ」と考える人が多いと思いますし、学校教育でも「とにかく英語だけは」「もっと英語を」と英語の学習ばかりに駆り立てられている姿が見受けられます。しかし、このような現状に筆者らはみな危うさを感じています。

　確かに、「英語だけで十分だ」「英語ぐらい話せるようになりたい」と考える人は多いでしょう。しかし、言語は単なるコミュニケーションの道具ではありません。私たちは自分の母語と英語以外に一つでもほかの言語を学ぶことで、その言語と表裏一体の関係にある文化や価値観を知り、相手がどう感じているか、相手にはどう見えているかを立体的に理解することができるのです。もちろん、複数の言語を学ぶことで経済的、社会的活動に有利になるかもしれません。しかし、それによって結果的に「世界の見え方が変わる」ということを、私たちは外国語教育に携わる中で経験してきました。

　折しも、東京オリンピック・パラリンピック開催を控え、さらに多くの訪日外国人を迎えるための準備があちこちでなされています。しかし「おもてなし」というキーワードだけが一人歩きして、少しいびつな「おもてなし」になっていないでしょうか。「英語さえ話せればおもてなしができる」と考えたり、「おもてなしのためには英語ぐらいできなくては」と焦って英語を勉強したりするというのは、「おもてなし」の意味を取り違えていると言えるでしょう。

　「おもてなし」の本来の意味は、旅の労をねぎらい、旅人を丁重に扱い、いい気分で過ごしてもらうために自発的におこなう行動のことです。ただ英語で決まり切った対応をしたり、こちらの伝えたいことを一方的に示せばいいというものではありません。訪日外国人観光客の多くが非英語圏から来ていることを考えれば、英語以外の言語の存在にも想いを馳せる必要があるのではないでしょうか。また、AI や ICT の発達に伴い、自動翻訳や通訳の精度も上がってきましたが、いくら技術が進歩しても、コミュニケーションの基本は、人と人とのふれあいにあることを忘れてはいけない

でしょう。

人として相手を尊重する態度を

　一方、冒頭で触れたように、少子高齢化が進むにつれて、人手不足が懸念され、外国人労働者をより多く受け入れようという議論が盛んになってきました。これを聞いて、バブル景気に沸いた1980年代後半を知る世代なら、あのころにも同じような議論があったことを思い出すことでしょう。さらに時代をさかのぼれば、朝鮮半島から多くの労働者を動員した歴史もあります。人が足りないからその穴埋めに外国から労働者を受け入れ、景気の悪化で職が減ったら帰ってもらおうというのでは虫が良すぎるのではないでしょうか。人を単に労働力としてしか捉えないことで、さまざまなつらい思いをしてきた人がたくさんいるということを考え直さなければなりません。

　今後、私たちの周りはさまざまな言語や文化を背景に持つ人々がさらに増えていくでしょう。そうした隣人たちは、この社会をともに築き上げていく大切な仲間なのです。いつまでも一時的な来訪者として扱い、英語や自動翻訳機だけで最低限の情報を伝えるだけで済ますわけにはいきません。また、相手が日本語を学んでくれることを期待するだけでもいけないでしょう。心を通わせてコミュニケーションを取り、同じ社会でともに生きていくためには、相手の言語に関心を持ち、お互いの言語を尊重して意思疎通することが重要です。ほかの言語を学ぶことによって得られるのは、遠く外国の人たちとコミュニケーションを取ることだけではないのです。より良い社会を築くためには、多言語が存在する社会をありのままに受けとめ、「多言語」を「他言語」ではなく、自分たちに関係する言語だと考えられる態度が大切でしょう。

多言語なニッポンに出かけましょう

　ところで「多言語」というと、「外国語」のことだと思われがちです。しかし、国内で生まれ育った人たちの中にも、日本語とは「異なる言語」を使って暮らしている人たちはことのほか大勢います。外国にルーツを持つ人たちが、程度の差こそあれ、自分たちのルーツの言語を使用して暮らしています。決して「外国」の言語ではないわけです。一方、彼らの多くが日本語を使って社会生活を送っているのも事実です。本書ではこれも「多言語」の一つの姿と考えます。また、アイヌ語や琉球諸語のような少数派の言語を話す人たちもいます。また、手話や点字、手を触れてメッセージを伝え合う触手話などを使っている人たちもいます。

　本書では、これらすべての言語を扱うことはできませんが、こうした多言語なニッポンの一端に触れることはできるでしょう。私たちが紹介する事例のどれか1つにでも、少しでも関心が持てたら、ぜひ、その言語を学んでみてください。その文化について調べてみてください。そうすることで、その言語、その話し手、さらにはそのほかのさまざまな言語を身近に感じることができるようになるはずです。あなたの世界が広がるだけでなく、あなたの周りの社会も豊かなものになることでしょう。さあ、私たちと一緒に多言語なニッポンに出かけましょう。

各章の紹介

　第1章では、日本語や英語以外の言語を使って日常生活を営む人たちが日本各地にいることや、いかに多様な言語が使われているのかを実感するために、外国人や外国にルーツを持つ人たち向けの商店や飲食店、宗教施設などの現場の様子をルポ形式でお伝えします（榮谷）。第2章では、さまざまな言語や文化を背景とする人たちが日本で暮らす中で、共通言語として日本語を用いている様子を描きます。職場での業務上の共通言語としての使用から、プライベートな話題で談笑するための私的な使用へと移

行した日本語は、日本語を母語とする人たちだけのものではないことを実感させてくれます（上村）。第3章では、日本に暮らす外国人がコミュニケーションの手段として、絵文字やスタンプを使いこなしている様子を紹介し、言語を学ぶ際の新たな可能性についてヒントをくれます（岡本）。第4章では、身近な地域社会にはすでにさまざまな言語を話す人たちが生活しており、それらの言語がありふれた存在になっているという現状を「学校」という舞台を例にとって見てみましょう（柿原）。第5章では、民間の語学学校やカルチャーセンターなどで英語以外にどのような外国語が学べるのかを紹介します。大学などのいわゆる「学校」以外で、外国語を学べる場所として思いつくのは民間の語学教室などですが、実はすでにそうした場所で、たくさんの言語を学べることを知らせてくれます（森住）。そして、第6章では、急増する訪日外国人観光客を各地の観光地がどのように受け入れているのかを、言語に焦点を当てて紹介します（長谷川・柿原）。第7章では、多様な言語の話者を生活者として受け入れる最前線となっている地方自治体の多言語対応の状況を探るべく、全国の地方自治体のWebサイトなどの言語使用状況を見ていきます（臼山・芹川）。第8章では、日本語をすべての人にとってわかりやすいことばにする取り組み「やさしい日本語」について紹介します。そして、「やさしい日本語」が多文化共生社会における橋渡し役を果たす可能性について考えます（臼山・岡本）。第9章では、これまで外国にルーツを持つ人々の中で最も身近な存在であった日本におけるコリア系住民の歴史を概観し、真に多言語・多文化が共存できる社会＝ニッポンを築いていくためのヒントを探ります（長谷川）。終章として、多言語なニッポンの今を読み解くためのデータをまとめてみました。

第I部

・

ニッポンの
多言語な
現場から

第1章

イスラム横丁とコプト正教会から見る多言語な日常

榮谷温子

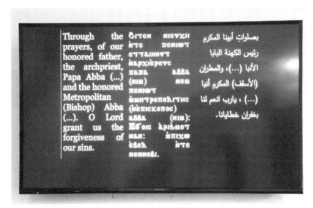

コプト正教会の聖体礼儀中に映し出される英語、コプト語、アラビア語の字幕

日本だから日本語が話されているとは限りません。日本固有の言語、たとえば北海道のアイヌ語や沖縄の琉球諸語などの存在を忘れてはいけませんし、外国から日本に来た人々の話すさまざまな言語が日本各地で聞かれます。本章では、そうした多言語なニッポンをちょっと覗いてみましょう。

はじめに

　沖縄のお笑いタレント、じゅん選手さんは、所属事務所のサイトでプロフィールの「特技」の欄に「うちなーぐち」をあげています。ウチナーグチとは、「しまくとぅば」と呼ばれる琉球語のうち、特に沖縄諸島の中南部で話される方言です。琉球語には、ほかに奄美方言、八重山方言、与那国方言などがありますが、いずれも消滅の危機に瀕しています。YouTubeの番組では、じゅん選手さんがハンバーガーショップに行き、ウチナーグチで欲しいハンバーガーや飲み物の説明をして（ただし、商品名そのものを言ってはいけないルールです）、店員さんにわかってもらえるかどうかという挑戦をしていました。店員さんは日本語を話していたものの、ウチナーグチを聞き取ってきちんと応対していました。

　北に行けば、北海道の平取町では、2018年4月1日からバスの車内アナウンスでアイヌ語が流れているそうです。アイヌ語での車内放送は、内閣官房アイヌ総合政策室北海道分室が企画し、道南バスの協力で実現しました。アナウンスを担当したのは、当時18歳だった、アイヌにルーツを持つ大学生だったとのことです（木内 2018）。

　アイヌ語や琉球語（文化庁では「沖縄語（沖縄方言）」と表記）は、UNESCOが消滅の危機に瀕した「危機言語」としてあげられています。そのほか、八重山方言、与那国方言なども、UNESCOは「言語」として扱い、日本国内の計8言語を危機言語と指摘しています。

　危機言語といわれる言語ではありますが、これらを考慮に入れると、日本はすでに多言語社会です。そして、こうした日本固有の言語のほか、歴史的経緯から日本で暮らす外国にルーツを持つ人々の言語や、最近では外国から来た人々の話す外国語も、日本国内で話される言語の仲間入りをしてきています。日本各地でいろいろな言語が話されているのです。本章では日本の多言語な現場として、東京のイスラム横丁と、京都のコプト正教会を覗いてみましょう。

東京のイスラム横丁

1、新大久保で聞かれる24言語の放送

　東京の JR 山手線の新大久保駅周辺（通称、新大久保）はコリアン・タウンとして有名で、街を歩けばハングル文字の看板が多く目に入ります。

　その新大久保駅近くに、「イスラム横丁」なるエリアがあります。日本では「イスラム教」と呼ばれることの多いイスラームという宗教は、聖典コーラン（正確には「アル＝クルアーン」）がアラビア語であることもあり、アラビア語と密接に結びついています。そのため、イスラム横丁でも、アラビア語が飛び交っているのではないか、と私は思いました。聞けば、新大久保駅の構内アナウンスは、日本語を含めて24の言語で流れているとのことです。さっそく、そんな多言語な街を訪ねてみることにしました。

　2017年クリスマス・イブの日曜日、新大久保駅の有人改札で駅員さんが手渡してくれた「多言語放送」という紙片には、確かに24の言語名が並んでいました（右に示しますが、日本語と英語が複数回放送されているので、番号は31までになっています）。

　予想に反して、アラビア語は含まれていませんでした。ペルシア語やトルコ語といった、そのほかの中東言語もありません。不思議に思いつつ、イスラム横丁を目指しました（なお、2020年1月に新大久保駅で伺ったところ、構内の通路が変わったため、現在では

```
多言語放送（7月20日現在）
・放送文面
　危険防止のため階段や通路は右側を歩いてください。
　階段は止まらず、前に進んでください。(ホーム中ほどまで
　進んでください)

  1.  日本語          21. 日本語
  2.  英語            22. 英語
  3.  韓国語          23. ドイツ語
  4.  中国語          24. スイスのドイツ語
  5.  広東語             (ドイツ語のスイス方言)
  6.  ベトナム語 ★    25. オランダ語 ★
  7.  日本語          26. スウェーデン語
  8.  ヒンディー語    27. 日本語
  9.  タイ語          28. ノルウェー語 ★
 10.  インドネシア語  29. ポーランド語 ★
 11.  フィリピン語 ★  30. ロシア語
 12.  日本語          31. チェコ語 ★
 13.  英語               (スロバキア語に近い)
 14.  イタリア語
 15.  フランス語
 16.  ポルトガル語
 17.  日本語
 18.  スペイン語
 19.  カタロニア語
        (バルセロナ・カタルーニャ地方)
 20.  バスク語
        (スペイン、フランスにまたがるバスク地方)

    ★マークは新たに追加された言語です。
```

新大久保駅で配布されていた紙片（2017年12月）

この多言語放送はおこなっていないとのことでした)。

2、イスラム横丁散策

　角にドラッグ・ストアがあり、その道を入ると、そこがイスラム横丁です。道路沿いのほんの50メートル強の一角でしかありませんが、香辛料の匂いが漂っています。

イスラム横丁の風景

　横丁に入ってすぐのハラール食材のお店に入って、店番をしている男性に聞いてみると、意外なことに、その方はネパール人で仏教徒でした。次に立ち寄った緑色の看板の食材店では、日本在住17年目のバングラデシュ人の方がカウンターにいました。いろいろビジネスをしないと儲からないので、食材だけでなく、スマートフォンなども扱っていると話していました。イスラム横丁のどのお店で聞いても、アラブ人はほとんど来ないとのことです。

　別のビルの2階に入っている食材店の看板には、視力検査の丸印が並んだようなビルマ文字と、デーヴァナーガリーのように上の方の横棒でつながっているベンガル文字が並んでいました。店内もビルマ文字にあふれています。イスラム横丁のあたりは、昔からビルマ系のイスラーム教徒が

多かったとは聞いていたので、今でもビルマの方が多いのかと思いながら、店内のハラール食材を見て回りました。店内のビルマ語はさっぱりわかりませんが、店長はやはり日本語が流暢でした（「ビルマ語」は、日本の外務省では「ミャンマー語」の名称を使っています）。

イスラム横丁のハラール食材店の看板

　さらにイスラム横丁の奥に行くと、とあるビルの２階にハラール食材のお店がありました。両替やら、パスポート写真やら、いろいろ手広くやっている模様で、店の奥ではネパール料理店も開いています。昼間から、「エベレスト」や「ネパール・アイス」というネパール・ビールの飲めるお店で、ランチセットとともに楽しみました。

　かくのごとく、イスラム横丁を訪ねてみたのですが、アラビア語を耳にすることもなく、イスラーム教徒もあまり見かけず、不思議な気持ちで、その日はイスラム横丁を後にしました。

３、金曜日のモスク

　金曜日はイスラームの集団礼拝の日です。この日なら、モスク（イスラームの礼拝所）が人であふれかえるはず。実は、先日訪れたビルマ文字のあふれていた食材店のビルの４階がモスクになっているのです。

　イスラームの礼拝は１日５回、すなわち、ファジュル（日の出前）の礼拝、ズフル（正午）の礼拝、アスル（午後）の礼拝、マグリブ（日没）の礼拝、イシャーッ（夜）の礼拝です。通常の礼拝は必ずしもモスクに行かなくても良いのですが、金曜日の昼の礼拝だけは、特に男性の場合はモスクに集って集団で礼拝することになっています。

イスラム横丁のモスクの礼拝室の一つ

　平成最後の暑い夏、2018年7月最後の金曜日に、私はイスラム横丁に
いました。正午から礼拝が始まるはずと勝手に思い、4階に上り女性礼
拝所に入りました。ところが、なぜか男性が一人、座っています。礼拝所
の隅っこに正座していると、その男性が片言の英語と日本語で話しかけて
きました。それで判明したのが、金曜日はモスクが全室、男性信者で一杯
になるので、女性の礼拝はないとのこと。いつも女性用になっているこの
スペースも、今日は男性信者が入るそうで、女性である私は退出するしか
ありませんでした。

　階段でうろうろしていると、12時が近づいてきました。ところがモス
クはがらがら。正午の礼拝はどうしたのでしょうか。わけがわからずにい
ると、階段の踊り場で知り合いのリビア人のアラビア語講師の先生とばっ
たり出会いました。先生によると、集団礼拝は12時50分ごろから始まる
とのことです。

　あとで別のイスラーム教徒の人から聞いた話では、金曜日の集団礼拝が
正午から1時間ほどずれるのは通常のことで、その集団礼拝をもって、
金曜日のズフル（正午）の礼拝の代わりとすることができるのだそうです。

4、ネパール語の新聞、そしてリトル・ネパール

　アラビア語の先生と別れた後、先日のネパール料理店に行くことにしま

した。

　ネパール料理店で冷たい瓶ビールを頼んで、サービスのえびせんをかじ
ります。店内を眺めていると、店員さんが、メニュー立ての後ろ側に、何
やらサイズの小さい新聞を挟んでいっている様子でした。自分のテーブル
のメニュー立てを見てみると、「日本初ネパール語の新聞」と書いてある
ネパール語新聞が挟まっていました。一面はカラー刷りです。ネパール語
はさっぱりわからないので眺めるだけですが、中には「ネパール語と日本
語を学びましょう」というコーナーがありました。178回目のようですが、
結構レベルが高く、「自然災害」とか「被災地」などの単語が日本語とネ
パール語とでリストになっていました。

　この新聞は『ネパリ・サマチャー』（ネパール新聞の意）で、1999年か
ら発行されており、また、編集長のティラクさんは、ネパール語による
ニュースサイト「サムッドラパーリ」（http://samudrapari.com/）も運営
しているとのことです（室橋 2016）。

　新聞が発行されるほどの規模のネパール人コミュニティが存在するのか
と驚いて調べると、新宿からJR中央線で10分弱の阿佐ヶ谷がリトル・ネ
パールと呼ばれているとのことで、別の日に行ってみました。2013年に
は、阿佐ヶ谷に世界初のネパール人学校、エベレスト・インターナショナ
ル・スクールが開校したとのことです。土曜日だったので無人でしたが、
校舎だけ拝んできました（現在では荻窪に校舎を集約したとのことです）。

阿佐ヶ谷にあったエベレスト・インターナショナル・スクールの校舎

ネパールは、2001年の王族殺害事件などで政情不安定となり、多くの
ネパール人が国外に移住することとなりました。日本にネパール人コミュ
ニティができたのも、そのような流れの中でのことです。

　イスラム横丁は、意外にも、ネパールとのつながりが強固でした。イス
ラームといえばアラビア語と思い込んでいたのですが、イスラームをきっ
かけに、イスラーム圏のベンガル語だけでなく、ネパール語、ビルマ語な
どの言語に触れることにもなりました。世界に広がるイスラームの裾野の
広さを見た気がしました。

京都のコプト正教会

1、日本にあるコプト正教会

　所変わって、京都には、エジプトのキリスト教会であるコプト正教会が
あります。単線の線路をことこと揺られながら、JR 片町線（学研都市線）
で西木津駅へ向かいます。無人のひっそりした西木津駅を降りて少し歩く
と、屋根の上の十字架が見えてきます。京都府木津川市にある、日本初に
して唯一のコプト正教会である聖母マリア・聖マルコ日本コプト正教会で
す。2016年7月に開堂した新しい教会
です。

京都のコプト正教会の建物

　プロテスタントの教会だった建物を譲
り受け、本拠地を鳥取県からこちらに移
したそうです。コプト正教会とはエジプ
ト土着のキリスト教会ですが、エジプト
国内だけでなく、海外移住した信者たち
が世界各地にいます。日本唯一のコプト
正教会ですから、日本各地から、エジプ
ト出身の留学生や、エジプト人と結婚し
た日本人など、さまざまな信者たちが集
います。

キリスト教会は、1054年の東西教会の相互破門、すなわちローマ教皇とコンスタンティノープル総主教が互いに相手を破門し合ったことなどにより、西方教会と東方教会に分裂しました。コプト正教会は東方教会に分類され、日本で馴染みのあるカトリックやプロテスタント諸派といった西方教会とはやや趣を異にします。たとえば、西方教会と東方教会とで日の算定の方法が異なるため、東方教会のクリスマスは1月7日ですし、復活祭（イースター）なども日付がずれることの方が多いです。

　エジプトでは、コプト信者は全人口の約1割程度と言われていますが、実際にはそれより少ない可能性があります。コプト信者たちは、イスラーム教徒たちとは社会的に混合して暮らしており、日常的にはもちろんアラビア語を話します。宗教による方言などは、単なる調査不足の可能性もないわけではありませんが、報告されていません。

　とはいえ、コプト正教会はイスラームとはまた異なる文化を保持しています。エジプトで売られている日めくりカレンダーには、西暦とヒジュラ暦とコプト暦が記されています。コプト暦は、古代エジプトに起源を持つ太陽暦、すなわち365日を1年とする暦で、ナイルが増水する季節に年始を迎えるなど、農業のサイクルに合った暦です。コプト暦はコプトの教会暦であり、宗教的祝日の日程はこのコプト暦に基づいて決まります。これに対して、イスラームのヒジュラ暦は、イスラームの開祖である預言者ムハンマドが、メッカからメディナへヒジュラ（聖遷）をおこなった年を元年とする暦です。月の満ち欠けの周期をもとにした太陰暦で、その1年は太陽暦の1年より11日ほど短くなり、季節と暦がだんだんずれていきます。よって、農作業の時期の目安には向きません。

　また、イスラーム教徒がラマダーン月に断食するのは有名ですが、コプト正教会でも断食があります。日の出から日没まで一切の飲食禁止というイスラームの断食とはまったく異なりますが、同じように「断食（アラビア語で"サウム"）」と呼ばれていて、肉類の食べられない断食期間とか、乳製品の食べられない断食期間など、細かい食事の制限が課せられています。

2、古代エジプト語の末裔、コプト語

　コプト正教会の典礼言語（宗教行為で用いられる言語）はコプト語です。司祭の執りおこなう聖体礼儀と呼ばれる儀式で用いられる言語です。聖体礼儀とは、神に祈りや賛美を捧げ、ご聖体と呼ばれるパンをいただく儀式です。

　コプト語はエジプト語の一種です。すなわち、ヒエログリフ（聖刻文字）やヒエラティック（神官文字）などで書かれていた古代のエジプト語の末裔にあたる言語で、正確にはコプト・エジプト語と呼ばれます。コプト文字という、ギリシャ文字をもとに独自の文字をいくつか追加した文字で書かれています。ギリシャ語からの借用語も多いです。

　系統としては、コプト語を含むエジプト語は、アフロ・アジア語族に属します。たとえば、アフロ・アジア語族のセム語派にはアラビア語が属しており、コプト語とアラビア語は遠い親戚同士ということになります。

　コプト語は、エジプトでアラビア語が普及してくると、次第に話されなくなり、日常言語としては用いられなくなってしまいましたが、コプト正教会の典礼言語として用いられ続けてきました。ただ、近年、コプト語復興運動が起こり、日常言語としてコプト語を用いる人が少数ですが、出てきているそうです。

　聖母マリア・聖マルコ日本コプト正教会を初めて訪れたのは、2017年の復活祭のときでした。4月15日の土曜日、日も暮れてからたどり着いた教会では、静かに聖体礼儀がおこなわれていました。この聖体礼儀では、コプト語、英語、アラビア語、日本語の4言語が用いられるのです。聖体礼儀の間、このコプト語だけでなく、英語、アラビア語の3言語の字幕が、式の進行に合わせて、プロジェクターで壁に投影されます。これは、コプト正教会のアメリカ合衆国南部教区の提供しているスマホ・アプリであるCoptic Readerの画面を投影しているものです。そのほか、聖体礼儀のため、日本語、英語、そしてコプト語をローマ字で発音転写したもののプリントアウトもファイルに綴じてあって、教会の座席に置いてあります。

コプト正教会にて復活祭の聖体礼儀

　コプト語は、このように、コプト正教会の典礼言語としてかろうじて生き残っていますが、典礼言語として用いられているのはコプト語のうちのボハイラ方言という方言で、Coptic Reader でもこのボハイラ方言が掲載されています。また、コプト語復興運動で日常言語として復活させようとしているコプト語も、このボハイラ方言です。世界中のコプト信者たちが、このアプリで同じ言語と信仰をわかちあっています。

　先述の通り、復活祭は、西方教会と東方教会とで日の算定の方法が異なることから、普段は日がずれますが、2017年4月16日の復活祭は、偶然にも西方教会と東方教会とで日付が一致しました。聖体礼儀中に、「今年は、世界中のキリスト教信者が全員、同じ日に復活祭を祝います」ということばを聞いたときには、この小さな教会が世界のキリスト教会へとつながっていることを感じさせられました。

3、教会に集う信者たち

　復活祭の聖体礼儀後（2017年4月15日の深夜）、教会の2階で遅い夕食となりました。復活祭のケーキや、復活祭にちなんだゆで卵のほか、モロヘイヤのスープなどエジプト料理もビュッフェ式に供され、みんなで歓談しながら、ちょっとしたホームパーティーのような雰囲気となりました。

日本各地から集まったエジプト人のコプト信者の皆さんは、もちろんアラビア語で歓談されていましたが、英語や日本語も飛び交い、なごやかな夜を過ごしました。

　その後、コプト正教会の教皇タワドロスⅡ世来日の際の、2017年8月27日の聖体礼儀には、約100名の参加者があり、報道関係者の方々も多く集まりました。インタビューなどもマスコミで報じられたので、覚えている方もいらっしゃるのではないでしょうか。このときは、復活祭のときに壁に投影されていたCoptic Readerの画面が、液晶テレビに表示されるようになっており、会堂そのものも多くのイコン（聖人の姿などを描いた絵）が飾られて立派になり、それらのイコンにオリーブ油を塗る儀式もおこなわれました。

聖体礼儀後に日本人からの質問に答える教皇

　2018年1月のクリスマスの聖体礼儀にも伺い、初詣がコプト正教会ということになりました。2019年の復活祭にも伺いましたが、その年は、東方教会の復活祭は西方教会の復活祭より1週間遅れになっていました。

　先述のように、コプト語は、すでに母語話者を失った言語ですが、コプト信者にとっては、宗教的アイデンティティに関わる言語です。信者たちは、コプト語で祈り、賛歌を歌います。古代エジプトから脈々と受け継が

れたことばであるコプト語が、今では日本の京都で、日本人も含めたコプト信者たちによって、神の御前で唱えられています。

　世界に広がるコプトの信仰とことばが、京都の小さな教会に息づいているのです。

おわりに

　本章では、イスラームとキリスト教という宗教を手がかりに、多言語なニッポンの一面を覗いてみました。イスラム横丁では、ベンガル語のようなイスラーム圏の言語だけでなく、ネパール語やビルマ語といった、あまりイスラームに馴染みがなさそうな言語（ネパールではヒンズー教徒が多いですし、ビルマ語圏には仏教徒が多いです）までがあふれていました。逆に、コプト正教会では、コプト語という言語が、世界のコプト信者たちを結びつけているのでした。

　日本にはほかにも、葛飾区にはエチオピア人コミュニティ、埼玉県蕨市のクルド人コミュニティ、通称「ワラビスタン」、江戸川区西葛西のリトル・インディアなど、多言語な日常を垣間見ることのできる地域がいくつもあります。そうしたところへ、ふらりと足を伸ばしてみるのはいかがでしょうか。

Webサイト

木内慧 (2018)「北海道の路線バスで全国初の「アイヌ語案内放送」アナウンスは18歳の大学生が担当」『ハフポスト日本版』2018年 9 月26日更新 <https://www.huffingtonpost.jp/2018/09/26/ainu-language-bus-guide_a_23513379/> (2019年 8 月18日閲覧)

文化庁 (n.d.)「消滅の危機にある言語・方言」<http://www.bunka.go.jp/seisaku/kokugo_nihongo/kokugo_shisaku/kikigengo/index.html> (2019年 8 月18日閲覧)

室橋裕和 (2016)「日本で唯一のネパール語新聞編集長に聞く　在日ネパール人増加の背景―あなたの知らない日本の外国　ネパール―」『AERA dot. メルマガ』2016年 8 月25日更新 <https://dot.asahi.com/dot/2016082300136.html> (2019年10月12日閲覧)

第 2 章

日本人の手を離れるニホンゴ

上村圭介

あけおめ！ 👍1
4年　いいね！　返信

あけおめー 👍1
4年　いいね！　返信

オーストラリアは後30分で
ニューイヤーだけど、そっち
は？(゜゜)
4年　いいね！　返信

ウズベキスタンはまだ4時間
もあるよー 笑

帰国後の交換留学生同士の新年メッセージ

日本語を話すのは、いまや日本人だけではありません。日本に暮らす外
国人が増加する中、日本人と外国人が外国語や日本語で話す機会も増え
てきました。そして、日本に暮らしている外国人の間でも日本語が共通語
として使われる状況も増えてきているようです。日本語が大切だと思うの
は、日本語を母語とした日本人だけではありません。グローバル化といわ
れる社会の変化の中で、ある言語がその言語の母語話者だけのものでは
なくなりつつあるということを、身近な日本語で見てみましょう。

はじめに

　電車に乗っていて、目の前に座っている2人が日本語で話しているけれど、どうやら日本語の母語話者ではないらしいということに気づいたことはないでしょうか。

　外見からは外国人のように思われるけれども日本語を話すという人は、今では決して珍しいわけではありません。この中には日本で生まれ、日本人と同じように母語あるいは第一言語として日本語を習得したネイティブ・スピーカー（母語話者）の人たちもいますが、日本語を外国語として習得したノンネイティブ・スピーカー（非母語話者）の人たちもいます。

　以前から、日本語を話す外国人が外国人代表のような「立ち位置」で、テレビの政治番組やバラエティー番組に出演するのを観ることはありました。こうした人たちには、日本とは違う海外の社会文化背景をもとに、「日本社会はここがおかしい！」あるいは「日本文化のここが素晴らしい！」という意見が期待されることが多かったように思います。それは、さながら日本人や日本社会のあり方を外の視点で評価する審判のようでした。

　ところが、最近では、日本語を話す外国人といえば、このような直接会うことのまずないテレビタレントや、知識人・文化人のような人たちだけでなく、私たちと同じ生活者として日本に暮らす人たちが数多く含まれることにお気づきでしょう。

　日本語を日常的な言語として使う「外国人」は、いまや少なくありません。その中には、日本語を日常言語とし、外国人同士でも共通言語とする非日本語母語話者の人たちも増えているのです。

非母語話者同士の「第三者場面」

　ある言語を用いたコミュニケーションがおこなわれるとき、母語話者だけがその中に参加する場面のことを、専門的な用語で「母語場面」と呼び

28　　第Ⅰ部　ニッポンの多言語な現場から

ます。一方で、コミュニケーションの片方が母語話者、もう片方が非母語話者である場合を「接触場面」と呼びます。そして、ある言語によるコミュニケーションが非母語話者だけでおこなわれる場面のことを「第三者場面」と言います。外国人が日本語を使うというと、母語話者である日本人と非母語話者である外国人との間、つまり接触場面でのコミュニケーションのことが真っ先に思い浮かぶかもしれません。ところが、最近では第三者場面で日本語が使われる機会がますます増えているのです。

　接触場面では、母語話者である日本人が、相手の日本語を文法的に正したり、相手の言いたいことを先読みして補ったり、あるいは会話の主導権を取るといった特徴が観察されると言われます。いわば、日本人がコミュニケーションを仕切っているわけです。ところが、第三者場面では、そのような「仕切り屋」である母語話者は存在しません。そこで使われる日本語は、母語話者の手を離れた「ニホンゴ」として新たな姿を見せているのではないでしょうか。

　本章では、そんな視点から、日本語あらため「ニホンゴ」のコミュニケーションについて考えてみたいと思います。

「カップ麺のお水はいかがですか」

　外国人のニホンゴ、つまり日本語を母語としない日本語話者の日本語というと、間違った日本語のことが思い浮かぶかもしれません。たとえば、「日本人は働く固いから朝まで夜」（日本人は朝から晩までよく働く）というような文法的な誤用です。この文は、海外から日本に来た技術研修生が日本語を学び始めた最初のころに実際に作った文として寺村（1982）に紹介されているものです。おそらく、英語の "Japanese work hard from the morning until the night." といった文からの直訳です。これは極端な例かもしれませんが、外国人のニホンゴと言われたら、そのような誤用を含む日本語のことを思い浮かべる人も多いのではないでしょうか。

　また、間違いとは言えないけれど、日本語の単語が持つ意味の結びつき

としては適切ではない、あるいは自然ではないということもあります。たとえば、「カップラーメンに水を入れてください」と言われたらどうでしょうか。日本語では水とお湯の区別はかなり厳格です。カップ麺に水を入れてくれと言われたら、水道の水やペットボトルの冷たい水を入れることを想像するのではないでしょうか。

　英語の water は守備範囲がかなり広いので、カップ麺に water を入れると言ってもあまり不自然ではないようです。かつて私がアメリカ系の航空会社を利用した際、軽食に配られたカップ麺にお湯を注ぐ客室乗務員が、ポットを手に "Water for noodles?"（カップ麺のお水はいかがですか？）と言って機内を回っていたことを思い出します。一方、ロシア語にはお茶やカップ麺に使うような熱湯を表す кипяток (キビトーク) ということばがあるそうです。そのため、逆にロシア語を話す人は、日本人がお風呂にもカップ麺にも同じ「お湯」を入れるというのを聞くと違和感を覚えるのかもしれません。

　ちなみに、水のことを、韓国語では물 (ムル)、スペイン語では agua (アグア)、アラビア語では ﻣﺎء (マーッ) と言いますが、これらは「お湯」の意味でも使われます。このようにお湯を単に「水」と表現する言語は意外にたくさんあるのです。

　こうした多様な文化的背景を持った人々が用いる日本語を誤用として片付けてしまうのではなく、日本語を豊かにする多様性として受け入れていく姿勢も必要になってくるかもしれません。

日本人の手を離れるニホンゴ

　ところで、本章でいうニホンゴというのは、このように文法的に誤った日本語や不自然な日本語のことではありません。ここでは、日本語を母語としない人たちが、実際に社会生活を日本語でおこなうようになっているということに注目します。

　かつて日本の社会言語学研究における一大テーマに、「言語生活」という分野がありました。これは、食習慣を通して見ることのできる生活の諸

相が食生活であるように、ことばを通して見ることのできる生活の諸相を「言語生活」という形で明らかにしようというものでした。私たちが1日の中でどのようなことばを、どれぐらい、何のために、誰に対して使うかといったことを通じて、私たちの生活がことばによってどのように特徴づけられるかを知ることができます。また、ことばの「今」がわかるだけではなく、過去やほかの言語文化との比較を通じて、それぞれの特徴や時代の変化を理解することができます。

ニホンゴでお互いに話す外国人

> 　私が「おっ」と思ったのは、五〜六年前のことです。新橋のチェーンレストランに入ったら、外国人のウェイターが、外国人のお客さんの注文を取っていた。これは新鮮でしたね。日本人のウェイターが外国人のお客さんの注文を取ることはあっても、外国人同士というのは新鮮でした。日本の中で、外国人同士が、異国の言葉でコミュニケーションを取る。そんな時代になったんだと感じました。
>
> （出口ほか 2018）

　これは、日本の「移民社会化」を問題にした雑誌の対談記事の一節です。この記事のように、最近は、外国人同士がニホンゴでコミュニケーションを取る場面が増えています。

　私も、あるベトナム人留学生から似たような話を聞いたことがあります。この留学生は、アルバイト先のコンビニエンス・ストアで、後から仕事を始めた後輩の外国人アルバイトに対して、日本語で指導をしたそうです。このように外国人スタッフ同士がニホンゴを共通語として業務上のコミュニケーションをすることも、これから増えてくることでしょう。

　私が勤めている大学では、日独関係史を専門にするドイツ出身の教員と、中国語教育学を専門にする中国出身の教員は、お互いに日本語でやりとりをしています。そこに、ニュージーランド出身の英語学の教員が混ざるこ

ともあります。そうした様子を見ていると、日本語だって、国際的な共通語になっていくのではないかという気がします。

プライベートな領域でも使われるニホンゴ

　次は私が新宿・歌舞伎町にあるコンビニエンス・ストアに立ち寄ったときのことです。そのコンビニは飲食店や映画館の入った複合商業ビルの中の店舗で、日中でも観光客の出入りの多いところにありました。お客さんへの応対のことばや、胸に付けられた名札からは、おそらく全員が日本語の非母語話者であることがわかりました。

　私がその店で会計の順番待ちをしていると、カウンターの向こう側にいた（おそらく）インド出身の女性店員が、（これもおそらく）ベトナム出身の男性店員に対して、「それ、いい靴ね」と声をかけたのです。

　仕事中に、しかもレジ待ちのお客さんが目の前にいるときにそのような雑談をするなんてけしからん、と思う人もいるでしょう。私もそのとき、これが日本人店員だったら、このようなやりとりは控えるだろうと思いました。しかし、同時にもう一つのことに気づきました。

　それは、彼らが日本語を使って、必要に迫られた業務上のコミュニケーションをおこなうだけではなく、職場内の人間関係を構築するためのコミュニケーションをおこなっているのだということでした。専門的に言うなら、このとき、非母語話者同士による「褒め」に関するコミュニケーションが、ニホンゴによっておこなわれたということになります。

　名札やことば遣いから想像するに、店員の出身は、インド、ベトナム、ミャンマーなど多様で、どうやら日本語は彼らにとっての共通のコミュニケーションの言語であるようでした。このような状況では、日本語の母語話者がいなかったとしても（もちろん、カウンターのこちら側には、私を含め日本語母語話者がいたわけですが）、日本語を共通の言語としてコミュニケーションがおこなわれているのです。

　もちろん、日本にある職場ですから、日本語が使われるのは当然と思わ

れるかもしれません。しかし、接客や店舗管理に関することなら、日本語でおこなわれるのが自然だとしても、プライベートな話題に関するコミュニケーションまで、彼らの共通の言語であるニホンゴでおこなわれるというのは、とても興味深いことです。

　日本に住む外国人同士がどのような言語で話しているかというと、中国人なら中国語、ベトナム人同士ならベトナム語、というように、日本語以外が思いつくかもしれません。しかし、外国人の数がますます増え、同じ出身地や母語とは限らない外国人同士がコミュニケーションを取る機会が増えるにしたがって、このように、さまざまな言語を母語とする人々がニホンゴを用いるようになっているのです。

海を越えて交わされる新年メッセージ

　何年か前に、交換留学で私の勤務先の大学に在籍していたことのある台湾、ウズベキスタン、オーストラリアの学生の間である出来事がありました。留学期間を終えると、彼らはそれぞれの国に帰国しました。帰国して最初の新年、彼らの1人がFacebook上で新年のメッセージを日本語で投稿しました。すると、それに応じてほかの2人の友人も、同じく日本語で応答したのです（本章の冒頭の図は、そのときのイメージです）。そこで交わされたことばが「あけおめ！」「あけおめー」であったのは今どきの若者らしい気がしますが、ここでもニホンゴが共通語として活躍したと言えます。

　1年に満たない期間とはいえ、同じ時期に交換留学で同じ大学に在籍した台北、タシケント、ブリスベンの若者が、このように帰国後もニホンゴでやりとりを続けているということを印象深く眺めました。日本語は、彼らにとってまさにグローバルな共通語なのです。

　また、別の事例ですが、NHKのあるドキュメンタリー番組で、上野のアメ横にある多国籍食材店のことが取り上げられていたことがあります。この店には日本の一般的なスーパーではあまり置いていないような食材や

調味料が豊富にそろえられており、それを求めて連日多くの外国人のお客さんが買い物にやってきます。その中に、同じ職場で働いているという中国人とスリランカ人が買い物に訪れました。その二人は、職場の同僚と鍋パーティーをするので、その食材を買い求めにきたのだそうです。彼らの共通語は必然的にニホンゴです。日本人の上司や同僚と仕事をするために日本語を使うだけでなく、彼ら同士が職場を離れてプライベートな時間でもニホンゴでコミュニケーションをしていることになります。

　同じようにテレビ番組で、都内にある翻訳を請け負う会社の昼食風景が紹介されていたことがあります。この会社で働くロシア、ブラジル、オーストラリアといった国から来た翻訳スタッフが、やはりニホンゴを共通の言語としてコミュニケーションをしていました。もちろん、彼らは翻訳会社の従業員ですから、日本語だけでなく英語やそのほかの言語が共通の言語になることもあると思います。しかし、日本語もそのような言語と並んで、共通語として使われているのです。

外国人を結びつける言語としてのニホンゴ

　外国人同士が、別に必ずしも得意とは言えないニホンゴで話す必要はないのではないか、英語を使えばいいのではないかと思う人がいるかもしれません。確かにそういう場面もあるでしょう。しかし、日本語を母語としない人たちにとって、日本語よりも英語の方が理解しやすいとばかりは言えません。日本語を母語としない人たちの中に、英語を母語とする人たちや、母語話者並みに英語が得意な人たちがいることは事実ですが、そういう人ばかりではありません。

　しばらく前に、私は出張でパリに行く機会がありました。昼食時に、ソルボンヌ大学の近くのトルコ式のケバブ店に入りました。その店は、大学の目の前にある路地にありましたが、店主や店員は英語を話しませんでした。私はフランス語がわかりませんので、試しに英語で注文しました。昼どきの単純な注文ですから、多少誤解があったところで大した問題はあり

ませんでしたが、英語はどうやら通じていないようでした。

　しかし、よく考えてみれば、彼らはパリに店を構え、フランス語を話す人たちを相手に商売をしているのです。この店の人たちが英語を話さなかったとしても不思議ではありません。もちろん、私のような旅行者や現地に来たばかりの留学生が英語で注文をすることもあるでしょう。それでも、彼らにとって必要なのは現地語であるフランス語であって、英語ではないのです。

　もちろん、英語ができるならそれに越したことはないかもしれませんが、パリのケバブ店を営む店主にとって現地の人との第一の共通語がフランス語であるように、日本に住む外国人にとっての第一の共通語がニホンゴであるという状況について、もっと思いをめぐらせるべきだということをお伝えしたいのです。

それなら、日本語だけで十分なのでは？

　このように言うと、「日本にいるのだから、日本語を学べば良い。日本人が外国語を学ぶ必要はないだろう」と思われるかもしれません。

　目の前にいる外国人が日本語を話すなら、それだけでコミュニケーションが取れるようにも思われます。英語ができるなら、英語と組み合わせればコミュニケーションの範囲はもっと広がりそうです。

　それでも、その人の母語が、英語でも日本語でもないとしたら、その人は英語や日本語では知ることのできない言語生活を持っていることになります。その人のことをより深く理解しようと思うなら、その人が持つ言語的な広がりをたどってみるべきでしょう。

　それに、日本語使用に不自由が少なく、日本語を通じて広い接点を得られる人もいれば、日本語がどちらかと言えば不得意で、日本語で得られる接点が少ない人もいるはずです。そのような人のことを知ろうとするなら、その人たちがより自由に使うことのできる言語を知らなければなりません。

　外国人同士の共通語として日本語を学ぶ人がいるとしても、日本人と外

国人との間のコミュニケーションの場合には、日本人が相手の「外国語」を学ぼうとする姿勢を持ってみてはどうでしょうか。

おわりに

　本章で見てきたような外国人にとって、ニホンゴを使うということは、それ自体が感情を伝えたり、人間関係を構築したりするための自然なコミュニケーションです。そこでは、日本語を母語としない外国人の人たちにとっても、リアルな、生きたことばとして、その場でニホンゴが自然に選ばれているのです。外国人の人たちによって、そういう生きたコミュニケーションがおこなわれているということを考えれば、日本語はもはや私たち母語話者だけのものではありません。

　また、私にはもう一つ印象的な出来事がありました。ある年の３月の終わりのことでした。移動のため駅のホームで電車を待っていると、後ろから突然肩を叩かれました。何ごとかと思って振り返ってみると、そこにいたのは、留学のため中国から日本にやってきて、しばらく前に卒業して、日本で仕事をしている私の元ゼミ生でした。その駅の近くにはちょっとした桜の名所があります。その元ゼミ生は、留学時代に知り合った親しい友人とお花見に来た帰りだったようです。

　彼らも日本人と同じように日本で、ニホンゴを使って仕事をし、生活を送っている、そして、人生の大切な時間を同じように過ごしている……彼らと別れた後、私はそんなことを考えました。多文化で多言語な社会への理解は、こういう身近な気づきから始まっても良いのかもしれません。

　今日、ニホンゴを主要な共通語としてコミュニケーションをおこなう外国人の数はますます増えています。日本語が、日本人以外の共通のコミュニケーションの手段になっているということに、私たちはもっと目を向けるべきではないでしょうか。日本語の使い手が多様化することは、日本語の新しい広がりをもたらすものだという視点も必要ではないでしょうか。ニホンゴは、日本で暮らす外国人たちの多言語的な生活を彩っているのです。そして、そういった外国人のニホンゴが、日本人の日本語からでは知

ることのなかった価値観に接したり、私たちが日本語では忘れてしまっていた伝統や習慣を思い出したりするきっかけになるかもしれません。

参考文献

出口治明・毛受敏浩・河合雅司（2018）「激論　安倍政権最大の失政を問う―亡国の「移民政策」―」『文藝春秋』2018年11月号，94-115.
寺村秀夫（1982）『日本語のシンタクスと意味Ⅰ』くろしお出版.

第 3 章

LINEスタンプが拓く多言語社会

岡本能里子

LINE クリエイターズスタンプ「スペイン語と日本語　春　発音付」teg (2015)

スマートフォンの普及に伴い、LINE などの SNS を利用して、私たちは
日々気軽にメッセージを発信したり、撮ったばかりの写真や動画を送り
合って経験や思いを共有しています。特に、SNS のコミュニケーション空
間は、さまざまな言語文化的背景を有する人々とのコミュニケーションの
促進に大いに役に立っています。そこから生まれるさまざまな可能性につ
いて考えてみましょう。

はじめに

　ネット社会に生きる私たちにとって、いまや手放すことのできないコミュニケーションツールと言えるSNS。私たちの身近な言語使用状況を知るためには、SNSのコミュニケーションは見逃せません。そこで、本章では、SNSが拓く多言語社会の可能性について考えてみたいと思います。

　総務省の「平成30年版　情報通信白書」によると、アメリカ、イギリス、ドイツでは、SNSの中でFacebookが最も多く利用されているのに対して、日本において、最も利用者の多いSNSはLINEです。LINEと言えばスタンプでしょう。

　LINEスタンプとは、テキストメッセージに挿入して喜怒哀楽など多種多様な感情を表現できるイラストです。日本で開発されたLINEスタンプは、今では、200ヵ国以上で利用されています。誰でもクリエーターとなって、スタンプを販売できるシステムになっています。それに伴い、スタンプも各国の文化に合わせたデザインやキャラクターが使われています。

　本章では、LINEスタンプをめぐり、次の2点について考えます。1つめは、2つ以上の言語や方言が記載されているスタンプを「多言語スタンプ」と呼ぶことにします。この「多言語スタンプ」が、外国語学習のハードルを下げ、楽しく学べる環境を生み出していることを紹介します。2つめは、留学生と日本人学生のLINEのコミュニケーション空間では、スタンプが「共通言語」を超えた「共通ツール」として利用されており、日本語能力の差を越えた自由で対等なコミュニケーションがおこなわれているということです。

多言語学習ツールとしてのLINEスタンプ

　まず、LINEスタンプが、外国語をはじめとする多様な言語を楽しく学んだり、それらに親しめるツールになっている事例を見てみましょう。多

言語学習に使えそうなスタンプを、イラストと表記の組み合わせを 2 つ
のパターンに分けて紹介します。

1、多言語とひらがな読みの併記

　図 1 のスタンプは、可愛い猫のイラストとともに感謝のことばが日本
語を含むさまざまな言語で表されています。

　例としてあげたスタンプは、b が韓国語、c がタイ語、d が関西弁と
なっています。

図 1　「可愛く感謝する世界中のネコ」コーチ（2014）

　このスタンプでは、たとえば、「ありがとう」という日本語には富士山、
ハングルにはチマチョゴリ、タイ語には象といったそれぞれの国や地域の
文化を思わせるイラストつきの猫になっています。また、「ありがとう」
に対して「おおきに」（関西弁）、「きのどく」（東北弁）といった方言も混
じっています。さらに、興味深いのは、「かたじけない」などの武士のこ
とばである「役割語」まであり、楽しく複数の言語や文化が学べそうです。

　次の図 2 は、さまざまな言語のあいさつが示された「多言語こみゅに
けーしょん」というスタンプです。このスタンプの販売ショップの画面に
入ると、「たまにはいつもと違う言語でコミュニケーションしてみません

か」などの宣伝文句があります。犬が多言語であいさつしていて、国旗で何語かがわかるようになっています。

図2　「多言語こみゅにけーしょん」angorarabbit (2016)

図3は、「ひらがなタガログ語」というタイトルで、タガログ語に、ひらがなで発音が書かれています。日本語話者が発音できるようになっています。意味は書いていないため、イラストから想像してわかるものと、調べないとわかりにくいものがあります。

a まがんだんうまがぽ
Magandang umaga po

b まがんだんあーらうぽ
Magandang araw po

c まがんだんはぽんぽ
Magandang hapon po

d まがんだんがびぽ
Magandang gabi po

図3 「ひらがなタガログ語」前田ムサシ (2015)

　興味深いのは、ひらがなを頼りに発音や語句のならび方の規則を見出し、意味を想像して考え、最後に調べて確認するといった手順で、自主的にタガログ語を学ぶことが可能なリソースとなっている点です。これについては、多言語学習の観点からも、後ほど詳しく考えてみたいと思います。

2、日本語とその対訳の併記

　次の図4は、日本語の下にタイ語、英語が書かれた3言語を話すうさぎのスタンプです。「タイ語と日本語と英語を話すマルチリンガルなうさぎ」との説明があり、「多言語スタンプで海外旅行にも便利な」ツールであると伝えています。

　似たようなツールとして、小型の会話本や『旅の指さし会話帳』シリーズ（情報センター出版）などを思い浮かべる方も多いでしょう。この多言語スタンプは、本のようにかさばらず、知らない言語にも親しみを持って学ぶきっかけを与えてくれます。常にスマホの中にあり、いつでも友だちにメッセージを送れるため、とても簡便な優れものではないでしょうか。

図4 「タイ語と日本語と英語を使う　うさぎ」manamie（2015）

　以上、紹介した多言語スタンプは、ひらがなの表記を頼りに実際に話してみることで、通じたという喜びを味わうこともでき、多言語学習へのハードルが下がるきっかけになるのではないかと思います。

留学生と日本人学生の LINE コミュニケーション

　ここでは、留学生と日本人学生との LINE のグループトークで、スタンプが日本語力の違いを越える「共通ツール」として使用され、楽しいコミュニケーションがおこなわれている現場を紹介します。ここから新しい多言語学習のヒントを探ってみたいと思います。

　ケータイは、もともと、どこでも連絡が取れる電話として生まれました。しかし、スマホは、インターネットに容易に接続できる端末であるため、最近では、LINE やメールといった文字を使ったコミュニケーションをおこなうためのビジュアルに重きを置いたメディアになってきていると言えます。ケータイやスマホは、読める画面が小さく、移動しながら使うため、短いことばでメッセージを伝える必要があります。さまざまな顔文字や絵

文字が使われるのも、細かいニュアンスや感情を添え、短いことばでメッセージを伝えるための工夫だと言えるでしょう。

　会話例（次ページの図5）は、留学生が自国のタイに帰国移動中の空港で、乗り換えの間にこの留学生と3人の日本人学生（と教員：ここでは登場しません）によって交わされたLINE会話の1部で、留学生Aさんと日本人学生BさんとCさんが、日本人女子学生Dさんをからかっている部分です。

　Cさんが、1Cでまず、「浦安鉄筋家族」という全員が共通に知っているキャラクターのスタンプを使用します。その後（中略：この間4～21の発言があった）のやりとりで、Dさんが留学生Aさんの送別会に参加しなかったことをBさんとCさんから非難され、Dさんが22Dで謝罪します。それを受け、留学生Aさんが23Aと28Aで「浦安鉄筋家族」のスタンプを使用し、からかいに加わっています。続く30Dで、DさんがBさんの名前を間違え、31Bの指摘を受け、35DでBさんの正しい名前を言い直し、謝っています。すかさず、留学生Aさんが、38Aで不得意な漢字を含む「浦安鉄筋家族」のスタンプを使用し、自分の送別会に来なかったDさんを非難し、からかっています。

　Aさんは、文字によるメッセージは少ないのですが、この共通スタンプを使って日本人学生と一緒に会話の流れに遅れをとることなく「からかい」に参加しています。そうすることでテンポ良く日本人学生と対等に「楽しさ」や「のり」を作り出しています。このように、LINEの「スタンプ」を共通のコミュニケーションツールとして利用し、日本語能力の差を乗り越え、冗談を言い合ったりからかったりしながら、仲間意識を強めることができます。

①

〈中略〉

②

③

④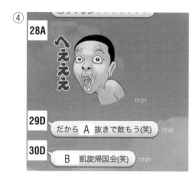

⑤

⑥

図5　LINE 会話例

　このように、岡本（2016）では、LINE の「スタンプ」を利用した自由
で楽しい多言語状況によるコミュニケーション空間が、多言語学習への苦
手意識をやわらげ、新しい言語の学び方を考えるヒントを提供してくれる
かもしれません。次節では、その点について考えてみたいと思います。

多言語学習の新しい学び方へ

　ここまで見てきた LINE のコミュニケーションについて、以下の 2 点
に注目し、新しい多言語学習のあり方について考えみましょう。
　まず、前節で紹介した図 3 のひらがなとタガログ語のスタンプをもう
1 度見てください。以下、下線を引いた「まがんだん」（Magandang）に
注目し、ヒントからそれぞれのあいさつの意味を考えてみましょう。

ⓐ まがんだん うまが ぽ　　Magandang umanga po
⇒
_____

ⓑ まがんだん あーらう ぽ　　Magandang araw po
⇒
_____

ⓒ まがんだん はぽん ぽ　　Magandang hapon po
⇒
_____

ⓓ まがんだん がぴ ぽ　　Magandang gabi po
⇒
_____

> **ヒント**　まがんだん 'Magandang' ＝「美しい」「素敵な」
> うまが 'umanga' ＝朝（morning）
> あーらう 'araw' ＝「日」や「太陽」
> はぽん 'hapon' ＝夕方の時間帯（evening）
> がび 'gabi' ＝夜（night）
> ぽ 'po' ＝丁寧さを表す

　'Magandang' は「美しい」「素敵な」という意味で、'araw' は「日」や「太陽」、'hapon' は「夕方」、'gabi' は「夜」の時間帯を指します。すなわち朝、昼、夜のあいさつであることがわかるでしょう。日本語にすると a「おはよう」、b「こんにちは」、d「こんばんば」となるでしょう。ただ、日本語には上記の 3 種類に分けられるため、c は「こんにちは」か「こんばんは」かは、季節によって違うかもしれません。つまり、同じ夕方の時間帯でも、日が長い夏なら「こんにちは」、冬なら「こんばんは」となります。英語にしてみると、a は 'Good morning'、b は 'Good afternoon'、c は 'Good evening'、d は 'Good night' となり、ぴったり 4 つに対応しています。

また、ヒントにあるように‘po’は丁寧さを表しています。しかし、英語にはその違いがありません。一方日本語では、‘Magandang umanga po’は「おはよう」よりも「おはようございます」と訳す方が良いのでしょう。しかし、「こんにちは」「こんばんは」には「ございます」がつけられません。このように、タガログ語と英語と日本語とのそれぞれの違いにも気づいておもしろいですね。

　このように、スタンプに書いてある文字から、母語や知っている多言語のあいさつと比べることで、「規則を自分で発見」して、そこから類推して、学びたい言語のあいさつを学ぶことができます。「規則の発見」というのは、子どもが第一言語を学ぶ際に自然におこなっている方法であり、多言語学習の最も大事なコツだと言えます。また、ひらがながあることで、発音することもできます。このような多言語スタンプは、自分一人でも仲間と相談しながらでも、規則を発見したり、自分の母語や知っている言語と比べてその違いに気づいたりしながら、楽しく学べる材料を提供してくれると言えるでしょう。

　次に注目したいのは、留学生と日本人学生が日本語を「共通語」としてコミュニケーションをおこなっている中でのスタンプの役割です。同じ世代同士が知っているキャラクターや漫画のスタンプが「共通語」に代わる「共通のコミュニケーションツール」として利用されていました。これらのスタンプには文字が含まれていることで、上記のような対等なコミュニケーションがおこなわれていました。

　以上、注目した2点は、多言語学習の学び方を考え直す「まなびほぐし」（苅宿ほか編 2012）の可能性を示しているのではないでしょうか。「まなびほぐし」とは、これまで当たり前だと思っていたことについて、立ち止まり、新しい発想で学び方を考え直すということです。

　通常、私たちの頭に浮かぶ多言語学習のあり方と比べてみましょう。多言語学習の授業では、先生に文法規則や使い方を教えてもらう状況をイメージするのではと思います。しかし、今回紹介した図1〜4の多言語スタンプは、自分で規則を発見し、自分の知っている言語も活用して独学でも楽しく学べる材料を提供していました。2つめの留学生と日本人学

生との LINE コミュニケーション空間は、どうでしょうか。通常の日本語学校や大学の日本語クラスは、日本語母語話者の先生の日本語を「正しい日本語」と考え、それをお手本にして学ぶという場になりがちです。しかし今回留学生は、日本人学生との日本語能力の差を気にしないで、同世代が知っているキャラクターのスタンプを「共通ツール」として利用しながら、日本語を使って対等に冗談を言い合い、仲間意識を強める場を作り出していました。

　このように、メディアの急速な発達で、さまざまな言語文化的背景を有する人々が、身近な SNS を通していつでもどこでもつながり、互いの言語を学び合い、簡単にコミュニケーションが取れる共有空間が生まれています。そう考えると、スタンプというツールには、今までとは違う発想で楽しく多言語を学ぶ方法やコミュニケーションのとり方を考えるヒントがたくさん詰まっています。そこでの気づきをもとに「まなびほぐし」ができれば、「わからない」「難しい」と思われてきた多言語学習を、「簡単で」「楽しく」「役に立つ」（當作 2013）ものへと変えることができるのではないでしょうか。

おわりに

　本章では、まず、LINE の言語使用状況に注目し、多言語スタンプを利用して楽しく多言語を学ぶ方法を紹介しました。次に、留学生と日本人学生のやりとりでは、お互いに知っている漫画のキャラクターのスタンプを「共通ツール」として活用し、日本語力の差を乗り越え、仲間として楽しくつながるコミュニケーション空間が生まれている状況を紹介しました。LINE スタンプは、難しいと考えられてきた多言語が、意外と身近にあり、簡単に楽しく学べるものなんだと感じさせてくれます。SNS の LINE スタンプを生かした言語空間が、多言語学習の苦手意識を弱め、「まなびほぐし」の機会になりうることを指摘しました。ただし、これらの自然なコミュニケーション空間での、インフォーマルな楽しい言語の学びを、学校教育でのフォーマルな多言語学習につなげる場合は、留意点もあります。

今回図1で紹介したスタンプには、韓国にはチマチョゴリ、タイには象といった言語に結びつく文化を学ぶ機会を与えてくれるイラストが使われていました。しかし、こうしたイラストが、その言語を話す人々の持つ多様な文化を単一化し、ステレオタイプを生み出しかねないという点には注意が必要です。これら両面をよく理解して使ってもらえたらと思います。

謝辞：

　日々筆者の研究補助を担ってくださっている後藤瑠梨子さんに、本章の LINE およびスタンプデータの整理と加工をご協力いただきました。この場をお借りし、お礼を申し上げます。

参考文献

岡本能里子 (2016)「雑談のビジュアルコミュニケーション―LINE チャットの分析を通して―」村田和代・井出里咲子編『雑談の美学―言語研究からの再考―』ひつじ書房, pp. 213-236.

苅宿俊文・佐伯胖・高木光太郎編 (2012)『まなびほぐしのデザイン（ワークショップと学び 3）』東京大学出版会.

當作靖彦 (2013)『NIPPON 3.0の処方箋』講談社.

Webサイト

コーチ (2014)「可愛く感謝する世界中のネコ」LINE クリエイターズスタンプ <https://store.line.me/stickershop/product/1024800/ja> (2019年 9 月17日閲覧)

総務省 (2018)「平成30年版　情報通信白書」<http://www.soumu.go.jp/johotsusintokei/whitepaper/ja/h30/html/nd142210.html> (2019年 8 月31日閲覧)

前田ムサシ (2015)「ひらがなタガログ語」LINE クリエイターズスタンプ <https://store.line.me/stickershop/product/1143762/ja> (2019年 9 月17日閲覧)

angorarabbit (2016)「多言語こみゅにけーしょん」LINE クリエイターズスタンプ <https://store.line.me/stickershop/product/1340826/ja> (2019年 9 月17日閲覧)

manamie (2015)「タイ語と日本語と英語を使う　うさぎ」LINE クリエイターズスタンプ <https://store.line.me/stickershop/product/1197609/ja> (2019年 9 月17日閲覧)

teg (2015)「スペイン語と日本語　春　発音付」LINE クリエイターズスタンプ <https://store.line.me/stickershop/product/3159197/ja> (2019年10月 5 日閲覧)

第4章

気づけばクラスメートは「外国人」

柿原武史

ひな祭りをお祝いする、別府の日本語教室に通っていた皆さん

外国人住民の増加に伴って、外国にルーツを持つ子どもたちも増えています。多くの学校には、日本語が話せない、話せても学校の勉強についていくために必要な日本語能力が十分にはないという子どもたちが通っています。これは、なにも大都市や外国人が多く住む地域に限ったことではありません。いまやどこの街のどこの学校でも、起こりうることなのです。本章では、外国にルーツを持つ子どもたちを受け入れる現場で奮闘する先生たちの姿を紹介します。今後増加が予想されるこうした子どもたちの受け入れに、何が必要なのかを考えてみましょう。

はじめに

　近年、人手不足を背景に外国人労働者の受け入れに関する議論が活発になってきました。政府が受け入れ拡大の方針を発表したこともあり、外国人労働者に関するニュースを目にしない日はありません。しかし、もうすでに外国人住民や国際結婚の増加に伴い、全国各地の学校では外国籍や外国にルーツを持つ子どもたちが通う光景が日常的に見られるようになっています。しかも大都市や一部の工業都市など外国人が多く暮らす地域の学校だけではなく、日本のどこの学校であっても外国にルーツを持つ子どもたちが明日にでも転校してくる可能性があるのです。

　本章では、小学校の場合を中心にそうした子どもたちを受け入れて、先生たちが教育現場で奮闘している日常を紹介します。これは、もしかしたら皆さんの地域でもすでに起こっていることかもしれません。教育や行政に携わっている方には、ぜひ現場で起こっていること、これから起こるかもしれないこととして、関心を持っていただければと思います。

　そこで、もともと外国人住民がそれほど多くなかった地域として、大分県の2つの小学校を取り上げます。これにより決して特殊ではない地域の学校で何が起こっているのかを知ることができるでしょう。

どこの学校でも進んでいる多言語化

　文部科学省（以下、文科省）の「令和元年度　学校基本調査」によると、2019年度時点で小中高校に在籍する外国人児童生徒数は約10万人で、単純に小中高の学校数（約3万5,000校）で割ると、各校に3人ほどの外国人児童生徒が在籍することになります。また、国際結婚による夫婦も増えており、その間に生まれた子どもたちは、日本国籍であっても日本語を話せない、あるいは日本語で学校教育の内容を理解するのに苦労するというケースが増えています。文科省の報告では、日本語指導が必要な児童生徒数は2018年度時点で4万485人、そのうち1万274人が日本国籍を有して

います。外国人の子どもや国際結婚をした夫婦の子どもたちを「外国に
ルーツを持つ子ども」と呼ぶことがあります。グローバル化が進む現在で
は、このような外国にルーツを持つ子どもたちは、いつ、どこの学校に
やってきてもおかしくない状況なのです。

外国人集住地域

　1990年以降、入国管理政策の変更に伴い、単純労働も可能な定住者と
いう在留資格で日系ブラジル人・ペルー人が数多く入国し、特に北関東や
東海地方の工業都市に集まって暮らすようになりました。彼らの多くは一
次的に日本で働き、ある程度お金を貯めると帰国するという予定で来日し
ました。デカセギという語がブラジルのポルトガル語やペルーのスペイン
語に定着するほどであり、ブラジルとペルーの国籍を有する外国人登録者
数はピーク時の2007年には37万人以上に達しました。彼らは職場近くの
特定の地域に集中して暮らしたため、住民の10%以上がブラジル人とい
う市町村も現れました。やがて滞在が長期化し、日本で家庭を築いたり、
出身国から家族を呼び寄せたりする人も増え、そうした外国人集住地域の
学校には外国にルーツを持つ子どもたちが多く通うようになったのです。
　外国人集住地域の学校では当初は混乱が生じ、受け入れのための試行錯
誤が繰り返されました。国の対応が遅れたため、各地の外国人集住地域の
市町村が協力し合って外国人集住都市会議が設立され、情報を共有し合い、
国への働きかけもおこなってきました。その結果、まだ十分とは言えませ
んが、外国人集住地域の学校では受け入れの準備がある程度でき、ノウハ
ウも共有され、NPO組織などによる支援も充実してきました。日本語指
導教員が配属されたり、地域の特定の学校を外国人児童生徒の受け入れの
ための拠点校としたりするなどの制度も整えられました。

外国人集住地域以外の地域

　その後、日本の景気低迷や東日本大震災を機に、外国人労働者の数は一時的に減少しました。しかし、介護・看護分野での人手不足からフィリピンやインドネシアから労働者を一時的に受け入れる政策が実施されましたし、東京オリンピック・パラリンピックを控えた建設ラッシュや少子高齢化の進展に伴う将来の労働力不足を見据えて、再び外国人労働者受け入れの議論が活発になってきています。その結果、さまざまな在留資格で入国し、定着する外国人が増加しています。2019年6月末時点の法務省外国人統計によると、日本には282万人の外国人が暮らしており、この20年で1.81倍になったことになります。

　2018年5月28日の日本経済新聞は、「アジア系住民の急増により、これまでの南米日系人主体の対応では追いつかなく」なっており、「外国人集住都市会議から加盟都市の脱退が相次ぎ、ほぼ半減」する事態になっていると報じています。つまり、特定の地域に特定の国出身の外国人が集住するという状況から、各地にさまざまな地域出身の外国人が分散して暮らすという状況になってきたので、これまでのような対応方法では追いつかなくなってきたのです。

　このように全国各地に外国人が居住するようになったため、何の受け入れ態勢もない学校に突然外国にルーツを持つ子どもたちが通い始めて、現場の先生たちが孤軍奮闘しているのです。

今、学校で何が起きているのか——一例としての大分県—

　私は2011年から大分県教職員組合の勉強会である教育研究集会（教研集会）に参加しています。大分県の2019年6月時点の人口は約113万人で、在留外国人数は1万3,379人（県人口の1.17％）です。人口比で見ても全国平均（約2％）を下回り、取り立てて外国人住民が多い県ではありません（法務省 2019）。文部科学省（2019a）によると、大分県の日本語指

導が必要な外国籍の児童生徒数は46人でした。また、国際結婚夫婦の子など日本国籍を有する子どもで日本語指導が必要な児童生徒数は20人でした。それぞれ都道府県別で見ると、36位、39位で、大分県が外国にルーツを持つ子どもが特に多い場所というわけでもないことがわかります。

　私が参加している分科会「国際連帯の教育をどうすすめるか」では、外国にルーツを持つ子どもたちの教育について、毎年のように報告がおこなわれています。まずは、そこで報告されたレポートと先生たちから聞いた話をもとにして、2つのエピソードを再現してみたいと思います。

分科会での議論の様子

エピソード1―高校進学を希望するＡさん―

1、手探りの対応

　県北と呼ばれる地域にある大分県中津市。福沢諭吉の旧居や中津城があり、少し足を伸ばせば耶馬渓といった景勝地があるこの町に、フィリピン出身のＡさん（当時9歳）が母親とともにやってきたのは、夏休みの直前でした。Ａさんが日本に来たのは冬のことだったので5ヵ月ほど経っていましたが、日本の生活にもまだ慣れず、日本語もあまりわかりませんでした。転入時には、学齢相当の4年生に入ることが決まりました。4

年生といえば学習内容が難しくなり、抽象的な概念を使った学習内容も増える時期なので、Aさんにとってはかなりたいへんだったと想像できます。そんなある日、事件が起こりました。

　それはいつもと変わらない休み時間のことでした。4年生のAさんは、興奮した様子で泣きながら同級生に向かって飛びかかりました。「おや、どうしたのかな」と偶然通りかかったX先生が思ったときには、取っ組み合いのけんかになっていました。「2人ともやめろよ！」と突然始まったけんかを止めようと、クラスメートたちも大きな声を出していました。X先生はとっさにけんかの仲裁に入り、なんとか2人を引き離しました。「どうしたの？　落ちついてわけを話してみて」と2人に尋ねましたが、そのことばはAさんの耳には入っていないようで、ただただ目に涙をいっぱいためて、手を震わせていました。2人を受け持つ担任の先生が駆けつけてきたので、X先生は後を引き継いで、その場を離れました。それから半年近くが過ぎた2014年4月、X先生はAさんの担任になりました。

2、目標は高校進学

　5年生になったAさんの担任となったX先生は、まずは家庭訪問をして、保護者の考えを知ろうと思いました。始業式の翌日から何度も家庭訪問を繰り返し、「日本の高校に進学させたい」という保護者の強い気持ちを確認しました。また、日本国籍を取得しているAさんも将来は日本で働き、暮らすことを希望していることもわかりました。5年生のAさんが高校に進学するのは5年後。それまでに高校に進学できる学力を身につけられるようにしてあげようとX先生は決心しました。

　Aさんは一生懸命に勉強に取り組んでいましたが、授業の内容を理解することは難しいようでした。授業がわからないことでストレスが溜まっていたのか、ちょっとしたことでクラスメートと前述のようなトラブルをよく起こしました。

　新年度が始まって1ヵ月が経ち、Aさんの学習の補助をする学習指導員が市から配属されることになりました。学習指導員の丁寧な個別指導の

おかげで、Aさんは自分のペースで勉強ができるようになり、わからないことを解決できるようになりました。また、自分の話を一対一で聞いてもらえることから、Aさんのストレスも減ったのでしょう。クラスメートとのトラブルもなくなっていきました。

X先生は、クラスのみんながAさんのことをもっと理解できるようにと、Aさんに母国フィリピンについて調べ、みんなの前で発表する機会を作りました。簡単なタガログ語講座をしたり、フィリピンについて発表したりしたAさんは、みんなが関心を持ってくれたことから自信もついたようでした。

3、地域とのつながり―行政への働きかけとNPOとの連携―

X先生は、行政に現場の実態を知ってもらいたいと考え、県教育委員会が主催する研修会でこの実践を発表しました。発表後の討議で、外国人の子どもの受け入れについての予算や人的配置が十分でないこと、進路保障、高校進学の問題などが話題にあがりました。県は2010年に「大分県在住外国人に関する学校教育指導指針」を出しているものの、制度整備は進んでいないという認識が参加者の間で共有されました。

X先生は、県が「日本語を解さない外国人保護者のためのハンドブック活用研修会」を実施していることを知り、さっそく中津市でも開催してもらうよう働きかけました。こうして開催された研修会には、X先生が勤務する学校の校長先生のほか、市教育委員会や市役所の関係者、外国人の保護者、外国人の子どもの教育を支援するNPOの代表者などが参加しました。この際、NPOの代表者が専門的な日本語教育と母語保障の重要性を指摘し、これまで手探りでAさんの対応をしてきたX先生は、専門家の意見を聞くことの重要性を痛感しました。この後、X先生は、このNPOとの連携を進め、Aさんをサポートするとともに、行政への働きかけをおこなっていきました。その甲斐もあり、2015年9月からは日本語指導を専門とする非常勤の日本語指導教員が配置され、さらに翌年度からはその人が正規の教員として採用されることになりました。また、早い時期から中学校と連絡を取り、引き継ぎの体制が整う中、Aさんを中学校

に送り出すことができました。

　その後、Aさんから無事高校に入学することができたとの報告があったそうです。しかし、Aさんのように日本語指導が必要な子どもたちに高校入試に対応できるまでの学力をつけるのは容易なことではありません。外国人生徒のための特別な入試や配慮をおこなう高校も出てきましたが、そうした対応がある高校はごく一部ですので、高校進学、さらには大学進学のハードルは高いと言わざるをえません。

エピソード2─さまざまな国から来た外国人の子どもたちの転入─

1、外国にルーツを持つ子どもが急増！

　2つ目のエピソードは、温泉で有名な別府市の小学校での事例です。この学校の近くには留学生が多く通う立命館アジア太平洋大学があり、そこにやってくる家族連れの大学院生や研究者たちが、たまたまこの学校の周辺に集まって住んだという偶然に端を発します。しかも、ここで紹介するエピソードが生じたときには、すでに外国人の子どもが複数この学校に在籍していたのです。

　2009年10月、近隣の幼稚園の先生から翌年度に小学校に入学する予定の子どもたちについての連絡がありました。それによると5人の外国人の子どもが同校に入学するかもしれないということでした。特別支援教育コーディネーターをしていたY先生は、1年生の担当になる予定の先生たちと受け入れ態勢について話し合いました。この学校にはすでに3人の外国人の子どもがいたので、それらの子どもたちの担任や受け入れ当時のことを知る先生たちとも相談しました。それでわかったのは、通訳をしてくれる学習相談員が配置されるには随分時間がかかり、新年度の開始時にはとても間に合わないこと、日本語指導に十分な時間が取れないこと、保護者とのコミュニケーションが難しいことなど、たくさんの課題があるということでした。しかし、それ以上話し合う時間的余裕はなく、この件はしばらく放置されることになりました。

このような課題を抱えたままだった12月、何の前触れもなく別の4人のマレーシア人の子どもたちが転入してきました。突然複数の外国人の子どもがやってくることになり、学校ではほとんど準備もできず、とりあえずY先生が転入生の保護者と話をして要望を聞きました。すると、保護者からは、わからないことがあった場合にすぐに連絡を取る方法が知りたい、欠席の連絡方法がわからない、子どもたちは日本語がわからないので助けてほしいなどという要望が出され、保護者たちがとても心配していることがわかりました。また、給食をどこで作っているのかを知りたいと言われて、Y先生は戸惑いましたが、それが宗教上の食材制限の理由からとても重要なことであるということは、そのときにはわかりませんでした。

2、準備は時間との戦い

　2010年度が始まり、5人の外国人の新入生も入学してきました。とりあえずはY先生が一部の児童に対して日本語指導を実施することになりました。2011年1月には、さらに多くの児童に日本語指導を実施できる体制を整えました。しかし同じく2011年1月に新たにインドネシア人の子どもが2人転入してきて、先生たちはてんてこ舞いの状態でした。インドネシア人の子どもたちはイスラム教徒であり、お祈りの場所を設けてほしいという要望が出されました。当初、校長がそれに理解を示さず、Y先生が懸命に説得してようやく場所を確保したものの、給食室に近い部屋だったため豚の匂いがするという理由から場所を変えてほしいという要望が出され、部屋を変えることになりました。このときになってようやく、Y先生は、先のマレーシアの子どもたちの要望も、イスラム教徒にとって必要な要望として出されたものだと知ったのでした。

　そんな中、2011年の夏には、校内で2010年に大分県教育委員会が発表した「大分県在住外国人に関する学校教育指導指針」を考える研修会が開かれました。この研修会で、日本語指導が必要な子どもたちは、生活に困らない程度の日本語を習得していても、学習のために必要な日本語の能力を習得するには時間がかかるため、さらに日本語指導を続けていくことが必要であることを先生たちは学びました。

最終的に2011年度にも外国籍の児童がさらに4人入学し、彼らを含めると日本語指導が必要な児童が14人にも達しました。そこで、Y先生は市役所に相談し、ぜひ入学前に通訳ができる学習相談員を配置してほしいと訴えました。その結果、市役所の予算執行は4月開始のため、入学式前というのは不可能でしたが、4月からすぐに配置されることになりました。3月に外国人の子どもの保護者会を開くことを知った学習指導員は、なんと手弁当で参加してくれました。その後も、入学式に向けての準備を手伝ってくれ、配布プリントの翻訳もできました。

3、トラブルから学ぶ手探りの日々

　新年度が始まってからは、1年生とそれ以外の子どもに分けて1日に1時間の日本語教室で日本語指導を実施することにしました。そんなある日、日本語教室に来た5年生のBさんは、教室に入るなり窓とドアを閉めました。「どうしたの？」とY先生が尋ねると、「友だちが私が勉強しているのを見て笑うから」と話してくれました。すぐに学級担任から学級会で日本語教室のことについて話をしてもらい、ほかの児童たちにも理解してもらいました。これ以降、Bさんが窓を閉めることはなくなりました。Y先生は、どんな些細なことでも、きちんと説明して、ほかの子どもたちも理解してみんなで支えていくことが重要だと実感しました。このように日々さまざまなハプニングに手探りで対応していったのでした。

4、「学校が好き」と言ってもらえるために何が必要か

　Y先生はこのエピソードを報告した教研集会の分科会で、報告を締めくくるにあたって、「職員みんなが協力し、外国人の子どもが「学校が好き」と思える環境をつくってこられたことを何より喜びたい」と感想を述べていますが、そこに至るまでには並大抵ではない苦労があったと想像できます。そのことはY先生が「本校には外国人の子どもの担当教職員が必要であると思う。専任の教職員の配置を強く望む」「行政が積極的に関われるしくみを作ることが必要」（大分県教職員組合 2011: 98）と行政への切実な訴えをしていることからも伺えます。

おわりに

　本章では、大分県の小学校の事例を取り上げ、特に外国人が多く住んでいるわけではない地域の学校に外国にルーツを持つ子どもが転校、入学してきた場合、現場の先生たちがどのような対応をしているのかについて見てきました。これによりわかったのは、行政も学校も先生も、未経験の事態に直面し、試行錯誤を繰り返しているということでした。中でも現場で子どもたちと接する先生たちの必死の努力に負うところが大きいようです。2019年4月に施行された改正入管法で、新たに特定技能という在留資格が設けられ、ますます多くの外国人労働者がやってくるようになるでしょう。家族の帯同が認められない在留資格もありますが、中長期的に見ると、さまざまな要因から家族を伴って日本に定住する人は増えていくことでしょう。その結果、外国にルーツを持つ子どもたちも増え、各地の学校に通うようになるのは必至です。そのため、学校での受け入れ体制の整備は喫緊の課題であると言えます。

　1つ目のエピソードの中津市の事例では、日本語指導ができる先生が専任の教員として採用されるに至りましたが、こうしたケースはまだまだ例外的です。ここで取り上げた2つの事例からは、学校全体で情報を共有し、みんなで協力して外国にルーツを持つ子どもを迎えることが重要であることがわかりました。そして、学校の取り組みだけでは限界もあるため、行政、地域のNPOなどとの連携が状況を大きく改善するカギを握っていることも明らかになりました。

　また、私が大分の教研集会で知った事例はどちらも、個々の先生たちの取り組みに大きく依存しています。現場の先生たちは積極的にそうした子どもたちに支援の手を差し伸べ、子どもたちが学校生活に適応し、日本語を習得し、教科の学習における障害を克服できるように全力を尽くしていました。このことは、裏返してみれば、こうした先生に恵まれなければ、これらの子どもたちは十分な支援を受けられずに学校内で孤立してしまう危険性があるということです。そのため、個々の教員の意識や資質などに左右されずに、外国にルーツを持つすべての子どもたちが問題なく学校生

活を送れるようにするためには、受け入れ人数の多寡に関わらず、受け入れのための支援体制が整備されることが求められます。

　大分県ではこれらの事例をきっかけに、2019年に「多文化に生きる子どもたち」のより良い育ちを応援したいと思っている人たちが、「多文化に生きるこどもネットワーク大分」を設立しました。これは個人、団体、学校、行政関係者といったさまざまな立場を超えて、思いを共有し、ともに学習し、活動を展開していくために情報を共有することを目指したネットワークです。このように、さまざまな現場での経験やノウハウが共有されていくことも重要でしょう。

　学校教育においては、グローバル人材育成の必要性が叫ばれ、ともすると英語の授業を充実させることばかりに目が向きがちです。しかし、いまや学校ではさまざまな言語・文化背景を有する子どもたちがともに学ぶようになってきているのです。ここで紹介した事例でも、子どもたちはインドネシア語、タガログ語、マレー語など、さまざまな言語を母語としており、そういう意味では、学校内には英語以外の言語が身近に存在しているのです。日ごろから多忙な先生たちがこれらの言語をマスターすることは現実的ではありませんが、こうした言語を話す子どもたちが教室内にいるのだということに想いを馳せ、少しでも相手の言語や文化に関心を持つことで、信頼関係も築きやすくなるのではないでしょうか。

　このように、いまや日本各地の学校で、外国にルーツを持つ子どもの姿が当たり前のように見られるようになってきています。そして、教室内にはさまざまな言語と文化を背景とする子どもたちがいるのです。彼、彼女らの存在を「問題」として捉えるのではなく、教室に変化をもたらす大切な存在として受け入れていくことが、すべての子どもにとってより良い学校を作るために必要なのではないでしょうか。

参考文献

大分県教職員組合 (2004-2017)『大分教育』116-129号.
日本経済新聞 (2018)「外国人政策曲がり角 「集住都市会議」脱退相次ぐ―アジア系急増、通じ
　ぬ南米系対応―」(2018年5月28日朝刊)

Webサイト

法務省 (2019)「令和元年6月末現在における在留外国人数について (速報値)」法務省入国管理
　局 <http://www.moj.go.jp/nyuukokukanri/kouhou/nyuukokukanri04_00083.html> (2020年3月12
　日閲覧)
文部科学省 (2019a)「「日本語指導が必要な児童生徒の受入状況等に関する調査 (平成30年度)」
　の結果について」文部科学省総合教育政策局 <https://www.mext.go.jp/content/1421569_002.
　pdf> (2020年1月20日閲覧)
文部科学省 (2019b)「令和元年度　学校基本調査」<https://www.e-stat.go.jp/stat-search/files?pa
　ge=1&toukei=00400001&tstat=000001011528> (2020年1月20日閲覧)

第5章

語学学校などで学べる
いろいろな言語

森住　衛

中国語講座の教室風景

自分の母語以外の言語、つまり異言語を学ぶことは、その言語を使っている人たちを理解することであり、それは、最終的には自分を見直したり、豊かにしてくれたりすることにつながります。これに加えて、いまや本格的なグローバル社会の時代を迎えて、日本人には、ますます多くの言語への関心を持つことや学習することが必要になってきています。異言語を学ぶ機会としては、まず、小中高大などの学校教育があります。しかし、これらの学校教育以外の場でもいろいろな言語が学べます。本章では、どこで、どのような言語が学べるかを紹介し、その意義を考えてみます。

はじめに

　学校教育以外で異言語を学べる機関として、本章では語学学校、カルチャーセンター、大学の公開講座、公共放送の語学番組、自治体の国際交流協会の語学講座の5つの領域を取り上げます（森住 2013a）。語学学校の中には、外国語専門学校や専修学校、会話教室なども含みます。カルチャーセンターは、新聞社や放送局などが運営している機関で、各種の語学講座を提供しています。大学の公開講座は、大学が普通の授業のほかに一般の人たちに公開している語学講座やセミナーです。公共放送は、NHKのテレビ・ラジオの語学番組が代表的な例になります。また、自治体によっては、国際交流協会が主体となって、その地域と関係がある外国人と交流するために語学講座を開いています。

　このような学校教育以外の教育機関を取り上げる理由は2つあります。1つは、異言語を学べる場として小中高大などの学校教育があることはほとんどの皆さんが知っていますが、学校教育以外はあまり知られていないからです。

　もう1つは、教育を担う立場としての「民間教育」の意義や理念を確認するためです。語学学校などの教育機関は、学校教育の「公」に対して「民」ですが、教育は元来、私塾など「民」から始まった一面があります。本章で、この「民」が持つ教育の自由と、実用の裏側にある教養の側面（森住 2013b）を、異言語教育の場を通して確認します。

調査の前提と方法

　「どのような異言語を」学べるかについては、本章では英語以外の異言語を取り上げます。英語を外したのは、この言語はすでに多くの人によって学ばれているためです。また、英語が学ばれていること自体は悪いことではないのですが、留意しなければいけないことがあります。グローバリゼーションは、「統一化」と「多様化」（森住 2012）という相反するベク

トルを合わせ持っていますが、ともすると、簡便な統一化に傾く危険があります。これは異言語の学習や教育にも当てはまります。効率主義の名の下に、世界で広く使われ、学習機会も豊富な大言語である英語に一極集中するきらいがあるからです。グローバリゼーションにとって欠けてはならない多様化のために、また、できるだけ多くの「異なった文化」を理解するという異文化理解の原点に立ち返るために、英語以外の異言語の学習および教育が潤沢に保障されるべきです。このために今回は英語を外しました。

　なお、本章で使っている「異言語」という用語は、その大部分を「外国語」に置き換えることができます。ただ「外国語」としてしまうと、アイヌ語、琉球語、バスク語、台湾語など、「国」から「はじき出されがちな」先住民語や政治的・民族的に不利な立場に置かれている言語が含まれなくなります。これではすべての人が対等であるべき本来のグローバリゼーションの姿に反します。グローバリゼーションの基本的な志向として、存在が目立たない「小さな」言語を含め、すべての言語に目を向けることが必要です。このために、「外国語」の「国」という概念を外した「異言語」という言い方を使っています。

　以上のことをふまえて、Web サイトを使って調査をしました。調査対象、調査期間は以下の１）、２）に分けて、それぞれ英語以外の異言語を５つ以上教えている機関を抽出しました。

　１）調査対象：語学学校・外国語学校などの開講講座
　　　　　　　　カルチャーセンターの語学講座
　　　　　　　　大学の公開講座（外国語）
　　　　　　　　ラジオ・テレビ語学講座
　　　調査期間：2018年３月〜７月の５ヵ月間

　２）調査対象：都道府県・市の国際交流協会などの語学講座
　　　調査期間：2019年３月〜５月の３ヵ月間

１）、２）のいずれの場合も、Web の検索用語に都道府県、県庁所在地および政令指定都市、さらには、外国人が多く住んでいる地域や市を入れました。これは、本調査をできるだけ広い範囲でおこない、異言語の学習や教育の必要性は日本全土に広がっていることを示すためです。調査対象の期間（開講年度）は、１）、２）の調査が交差する2018年度ないし2019年度のいずれかの一定期間としました。

　また、５言語以上を扱っている機関を調査対象としましたが、これは、４言語以下を扱っている機関を含めますと、インターネットに掲載されていない機関が多くなったり、機関の存廃や開講の流動性が激しかったりして、調査の正確性が薄まるからです。このことは、特に、中国語、韓国語、フランス語、ドイツ語、スペイン語などを扱っている機関に当てはまります。これらの言語のうちの１つ、あるいは、２つを教えている機関はネットに載っていないケースが多く見られます。

　そのほか、いくつかお断りをしておきます。まず、本章では、言語名は各機関が使用している名称に準じています。たとえば、「エジプト語」はアラビア語の一方言とする説もありますが、本章では当該機関が使っているこの名称のままにしています。また、「東欧語」は複数の言語を示唆しますが、これもその機関が使用している名称ですので、そのままにしています。逆に、今回の調査では言語名の統一を図ったものもあります。それは、同一言語に対して複数の異なる名称が使われている場合です。たとえば、朝鮮半島で使われている言語は機関によって「韓国語、朝鮮語、ハングル、コリア語、韓国・朝鮮語」などと異なる名称で表されています。このような場合は、本章では統計的な処置のために統一した名称が必要になります。そこで、調査対象にした機関で最も頻繁に使われている名称（この場合は「韓国語」）を使用しています。

　次に、各機関が取り上げている言語数ですが、電車のつり広告やインターネット上にある「謳い文句」の数と、実際に示されている言語数とが異なる場合がありました。この場合は、本章では後者を採用しました。たとえば、DILA 国際語学アカデミーでは、謳い文句では「55言語」ないし「55言語以上」とありますが、あげられている言語の数を実際に数えると

61言語でした。この逆もあります。朝日カルチャーセンターは「30言語」と謳いながら、実際の開講講座数を数えてみると26言語でした。

　さらに、本章の調査は、各機関が、それぞれ扱っている言語数と言語名のみにしています。このほかにインターネットの情報としては、「週1」とか「週2」など、それぞれの言語の開講数、初級や中級、上級の区別、受講生の定員などがありますが、今回の調査では除外しています。

取り上げた機関とその所在地

　まず、概要を示すために、表1として、取り上げた機関を、分類ごとに、教えられている言語数が多い順に列挙し、右欄に所在地などを付記しました。機関名の後の（　）は、各機関で教えている言語の種類の数を示しています。

表1　取り上げた機関とその所在地

語学学校など	所在地（「東京：」は都区内を示す）
A. DILA 国際語学アカデミー（61）	東京：四谷
B. ICC 外語学院（48）	東京：銀座・新宿・渋谷、町田、八王子、横浜
C. バークレーハウス語学センター（31）	東京：市ヶ谷、水戸
D. アイザック外国語スクール（30）	東京：渋谷、名古屋、大阪
E. ベルリッツ（19）	北海道と四国を除く全国64教室
F. ECC 外語学院（10）	全国180教室
G. I.C.NAGOYA（10）	名古屋
H. パラビオン外語学院（8）	松山
I. 神田外語学院（7）	東京：神田
J. 渋谷外語学院（6）	東京：渋谷
K. NOVA（6）	全国289教室
L. 日本外国語専門学校（6）	東京：新宿
M. アジア・アフリカ語学院（6）	三鷹
N. アウトサイダー（6）	広島
O. 京都外国語専門学校（5）	京都
P. オーロラ外国語教室（5）	新潟

カルチャーセンターなど

Q. 朝日カルチャーセンター（28）	東京：新宿、立川、横浜、湘南、千葉、大阪、福岡、北九州など14教室
R. よみうりカルチャー（10）	東京：6教室、八王子、川崎、横浜など18教室
S. NHKカルチャー（6）	東京：3教室、八王子、町田、盛岡、仙台、千葉、名古屋、大阪、神戸など39教室

大学の公開講座

T. 東京外国語大学（36）	東京：本郷、府中
U. 拓殖大学（18）	東京：茗荷谷
V. 慶應義塾大学（12）	東京：三田
W. 京都外国語大学（9）	京都
X. 上智大学（9）	東京：四谷、大阪
Y. 早稲田大学（6）	東京：早稲田

放送

Z. NHKラジオ（9）	全国（すべての市町村）
A' NHKテレビ（8）	全国（すべての市町村）

自治体の国際交流協会など

	略称・所在する県など
B' 福岡よかトピア国際交流財団（19）	FCIF・福岡県
C' 浦安市国際交流協会（8）	UIFA・千葉県
D' 香川県国際交流協会（8）	アイパル香川・香川県
E' 岩手県国際交流協会（7）	アイーナ・岩手県
F' 宇都宮市国際交流協会（6）	UCIA・栃木県
G' 熊本市国際交流振興事業団（6）	KIF・熊本県
H' 我孫子市国際交流協会（5）	AIRA・千葉県
I' 犬山国際交流協会（5）	IIA・愛知県
J' 大垣国際交流協会（5）	OIEA・愛知県
K' 交野市国際交流協会（5）	KIFA・大阪府
L' 浜松国際交流協会（5）	HICE・静岡県

全体として、5言語以上を開講している機関は、38機関になります。大学の自由選択の授業などで5言語以上を開講している数を調査していないため「学校教育」との比較はできませんが、この機関数から「学校教育以外」の異言語教育が日本における多言語化の推進に大きく貢献していると推察されます。

　残念なのは、放送機関を除くほとんどの機関が、東京をはじめとする大きな都市に集中したり、都道府県や地域・市にばらつきがあったりすることです。これは、現状では需要と供給の原理でやむ得ない面です。ただ、この問題は、現在部分的に進められている「オンライン講座」が普及すれば解決すると思われます。

取り上げた機関と開講言語一覧

　今回の調査結果の全体像は表2になります。横軸は、調査対象の機関をアルファベットのA, B, C, D...... で示しました。また、縦軸には、調査対象の機関が扱っていた言語の種類を五十音順に並べました。表の最下欄には言語別に集計した数、右端の欄は各機関別に取り上げられている言語数を集計した数を示しています。

表 2　取り上げた機関の開講言語一覧

	A	B	C	D	E	F	G	H	I	J	K	L	M	N	O	P	Q	R	S	T	U	V	W	X	Y	Z	A'	B'	C'	D'	E'	F'	G'	H'	I'	J'	K'	L'	計
アイスランド語	○																																						1
アイヌ語		○																																					1
アイルランド語			○																																				1
アムハラ語	○																																						1
アラビア語	○	○	○	○	○		○									○	○	○		○	○								○	○									14
アルメニア語	○																																						1
イタリア語	○	○	○								○	○	○		○														○	○			○			○	○		23
イディッシュ語																																					○		1
インドネシア語	○	○	○														○			○	○	○				○	○	○	○	○								○	20
ウェールズ語							○																																1
ウクライナ語			○						○							○			○																				4
ウズベク語			○	○																																			2
ウルドゥー語		○	○																	○	○							○											5
エジプト語																													○										1
エスペラント																			○																				1
オランダ語	○			○	○															○	○	○																	6
カザフ語	○																																						1
カタロニア語	○																			○																			2
韓国語	○	○	○	○	○	○	○	○	○	○	○	○	○	○	○	○	○	○	○	○	○	○	○	○	○	○	○	○	○	○	○	○	○	○	○	○			36
広東語	○			○	○																○	○									○								9
カンボジア語	○	○		○																○								○											5
ギリシャ語	○	○		○																																			3
キルギス語				○																○																			2
ゲール語	○																																						1
古典ギリシャ語																																							1
古典ヘブライ語																																							1
サンスクリット語	○																○																						2
シリア語																																							1
シンハラ語																	○			○																			2

言語	A	B	C	D	E	F	G	H	I	J	K	L	M	N	O	P	Q	R	S	T	U	V	W	X	Y	Z	A'	B'	C'	D'	E'	F'	G'	H'	I'	J'	K'	L'	計
スウェーデン語	○		○	○	○															○																			5
スコットランド語																	○																						1
上海語	○																																						1
スペイン語	○	○	○	○	○	○	○	○	○	○	○	○	○	○	○	○	○	○	○	○	○	○	○	○	○	○	○		○	○	○	○	○				○	○	33
スロバキア語		○																																					1
スロベニア語		○	○																																				2
スワヒリ語	○	○	○	○	○																																		5
セブアノ語	○																			○																			2
セルビア／クロアチア語	○																			○																			2
タイ語	○			○	○													○			○	○	○					○											17
台湾語	○												○															○			○	○							7
タガログ語	○													○										○															7
タタール語	○																																						1
タミル語																	○				○																		2
ダリー語																					○																		2
チェコ語				○	○					○											○																		4
チベット語																					○			○															4
中国語	○	○	○	○	○	○	○	○	○	○	○	○	○	○	○	○	○	○	○	○	○	○	○	○	○	○	○	○	○	○			○	○	○	○	○		36
デンマーク語	○																													○									3
ドイツ語	○	○	○	○	○	○	○	○	○	○	○	○	○	○	○	○											○	○		○			○	○	○	○	○		29
東欧・中欧語	○															○																							1
トルコ語	○				○											○					○	○																	6
ネパール語	○			○	○															○	○																		5
ノルウェー語	○			○																								○											3
パーリ語	○																																						1
パシュト一語	○															○																							1
バスク語	○																											○											1
バリ語	○																																						1
ハンガリー語	○																			○																			3

言語	A	B	C	D	E	F	G	H	I	J	K	L	M	N	O	P	Q	R	S	T	U	V	W	X	Y	Z	A'	B'	C'	D'	E'	F'	G'	H'	I'	J'	K'	ン	ビ	計
バンジャビ語	○																																							1
東アルメニア語																				○																				1
ヒンディー語	○	○	○									○								○	○																			8
フィンランド語		○	○	○																																				4
フランス語	○	○	○	○	○	○	○	○	○	○	○	○	○	○			○	○	○	○	○	○	○	○	○	○	○	○	○	○	○	○	○	○	○	○	○	○	○	32
フリジア語	○																																							1
ブルガリア語	○	○	○																																					3
ベトナム語	○	○	○	○	○	○	○	○	○	○	○	○		○	○	○						○	○								○							○		19
ヘブライ語	○	○	○	○																																				4
ベラルーシ語	○																																							1
ペルシャ語	○	○	○	○													○				○																			6
ベンガル語	○	○	○	○																																				4
北欧語	○																																							1
ポーランド語	○	○	○	○																																				4
ポルトガル語	○	○	○	○	○	○	○	○	○	○	○	○					○			○														○	○	○	○	○	○	20
マラティー語																					○																			1
マルタ語	○																																							1
マレー語	○	○	○	○													○			○	○							○												8
満州語	○																																							1
ミャンマー語	○	○	○									○																○												6
モンゴル語	○	○	○	○									○															○												6
ラオス語	○	○	○																																					3
ラテン語	○	○																																						2
リトアニア語																																								1
琉球語			○	○						○																														1
ルーマニア語	○	○																																						4
ロシア語	○	○	○	○	○	○				○					○					○	○	○		○		○	○	○	○	○										16
計	61	48	31	30	19	10	10	8	7	6	6	6	6	6	5	5	28	10	6	36	18	12	9	9	6	9	8	19	8	8	7	6	6	5	5	5	5	5	5	494

分類別に見た機関の特徴

1、語学学校など

　表1の38機関を分類別に見ますと、語学学校などが16機関で最も多くなっています。このうち、DILA、ICC、バークレー、アイザック（機関名は短縮したものを使用し、以下これに準じます）は、いずれも言語数30を超えています。この4機関に共通している特徴は、いずれも会社や企業など法人からの受講者を多く受け入れていることです。つまり、これらの機関は、企業人などが世界各地で活躍するために、それぞれの地域で使われている言語を学習・教育する機会を提供する役目を果たしているのです。この点では「民」が「公」より一歩先んじていると言えます。

　以上の4機関の中でもDILAとICCは群を抜いています。DILAは取り上げている言語が61言語で全機関の中で最多ですが、この中には以下のような先住民語、少数話者言語、政治的認知の点で不利と言われる言語が8言語入っています。

　アイヌ語、ゲール語、上海語、台湾語、パシュトー語、バスク語、
　バリ語、琉球語

　これは特筆に値することです。なぜなら、これらの言語は、先の〈調査の前提と方法〉でも触れた通り、一般に軽視されたり、忘れられたりしがちですが、グローバリゼーションや異文化理解の理念においてはほかの言語と同等の扱いを受けて然るべきだからです。

　ICCも48言語という多くの言語を取り上げています。その中には、以下のようにほかの機関ではほとんど教えられていない言語が含まれています。

　タタール語、ベラルーシ語（ICCのみ）
　カタロニア語、ハンガリー語、ブルガリア語（ICC含めて2機関）

　DILA、ICC、バークレー、アイザックの4機関に続くのが、ベルリッ

ツ、ECC、I.C.NAGOYA です。それぞれ19言語、10言語、10言語を開講しています。これら3機関の言語には、以下の9言語が共通して入っています。アジア系が5言語、欧米系が4言語というように、バランスを保っているのも望ましいと言えます。

　インドネシア語、韓国語、スペイン語、タイ語、中国語、ドイツ語、フランス語、ベトナム語、ポルトガル語

2、カルチャーセンターなど

　朝日カルチャーセンター、よみうりカルチャー、NHK カルチャーは、これらの機関を使って学べる都市や地域がそれぞれ14, 18, 39箇所というように、比較的全国に拡散していると言えます。しかし、扱う言語は、28言語、10言語、6言語というように差が見られます。特に、朝日カルチャーセンターは、ほかの2つと大きな差をつけています。この差は、以下の8言語などを取り上げていることによります。

　アイルランド語、ウェールズ語、古典ギリシャ語、古典ヘブライ語、シリア語、スコットランド語、パーリ語、満州語

　この8言語は、38全機関の中で朝日カルチャーセンターだけが取り上げています。このような「希少」言語の開講は、先に触れた DILA などにも当てはまることですが、社会や国の教養度や文化度の高さを示す証左にもなります。これは、実用に始まった現象が教養の役目を担っているという、いわば現実と理想が交差・連結した珍しい状況とも言えます。

3、大学の公開講座

　大学の公開講座も一般の人たちがいろいろな言語を学ぶ場になっています。今回の調査では、東京外大、拓殖大、慶應大、京都外大、上智大、早稲田大の6大学が検索の条件にヒットしました。この数は、短期大学を除く4年制大学などの数が787校（2019年4月）であることを考えると、

極端に少なすぎます。

　さらに、注視しておきたいのは、外語系大学が少ないことです。日本には現在（2018年9月）、東京外大、神田外大、名古屋外大、京都外大、関西外大、神戸市外大、長崎外大の7つの「外大」があります（大阪外大は2007年に大阪大と合併し、大阪大学外国語学部となっています）が、公開講座で多言語の学習の機会を提供しているのは、東京外大と京都外大のみという実態です。未来の豊かな多言語教育を考えると、いろいろな言語の教員養成という大本の段階で極めて心細い状態です。

　取り上げる言語数で際立っているのは東京外大で、36言語を開講しています。この中には、以下のように、ほかの機関が取り上げていない6言語が含まれています。

　アムハラ語、イディッシュ語、エスペラント、東アルメニア語、
　マルタ語、リトアニア語

　これら6言語の開講は、異言語教育機関としての大学の矜持を保っていると言えます。また、この中には人工語のエスペラントも入っています。異言語の中に人工語を入れるのは、言語の平等性から見ると1つの見識です。なお、東京外大は、70言語（日本語と英語を除く主専攻25言語＋それ以外の45言語）を授業として開講しているので、さらに多くの言語を公開講座にすることが望まれます。

　公開講座で、東京外大に次いで多くの言語を扱っているのは拓殖大です。外国語専門の大学でないにも関わらず、18言語を開講し、その中には、ダリー語（拓殖大とDILAのみ）や台湾語、チベット語（拓殖大を含めて4機関のみ）なども含まれています。加えて、拓殖大に注目したいのは、普段の授業で開講している言語をすべて公開講座でも開講している点です。

　京都外大は、普段の授業の第2外国語・第3外国語としての選択外国語科目（英語以外）は18言語を開講していますが、公開講座ではこのうち9言語を取り上げています。

慶應大と上智大も、一般社会に英語以外の異言語学習の門戸を開いています。慶應大の講座は、かつての慶應義塾外国語学校が、大学の外国語教育研究センターに移管し、運営されていて、12言語を開講しています。上智大は、ソフィア・コミュニティ・カレッジという外国語学部とは別の組織を立ち上げて、6言語を開講しています。

4、放送

　放送で語学講座が豊富なのは、NHKのラジオとテレビです。英語以外の異言語は、ラジオが9言語、テレビが8言語を取り上げています。この1言語の違いは、ポルトガル語の有無です。この言語は2007年から入門編などが「番外」で放送されていましたが、ほかの8言語と同じように正規な位置づけでラジオに登場したのは2012年です。周知のように、ブラジルと日本とは交流の長い歴史があり、近年では、この関係から職を求めて来日するブラジル人が増えて、ポルトガル語（ブラジルポルトガル語）の社会的ニーズが高まってきています。この言語のテレビでの開講も望まれます。なお、以前（2005～2009年）はNHK教育テレビで〈アジア語楽紀行：旅する〇〇語〉として、ベトナム語、タイ語、ネパール語、広東語、チェジュ語などアジア系の計11言語を取り上げている番組がありました。残念ながら、現在ではこの番組は放映されていません。復活が望まれます。

　放送の大きな強みは、全国津々浦々のネットワークです。また、受講費用も比較的安く、500～800円台のテキスト代（ラジオの場合）で、比較的自由な時間帯に聴いたり、視たりできます。

　なお、NHKラジオ第2放送（NHK World Japan）で10～15分の中国語、韓国語、ロシア語、ベトナム語など8言語のニュース放送を、また、各地のFM放送でもその地方に関係がある外国語のニュースを傍聴できます。

5、自治体の国際交流協会など

　検索の条件にヒットした11機関の内訳は、都道府県の機関が2機関、市の機関が9機関です。この中で言語数において群を抜いているのは福

岡よかトピア国際交流財団で、19言語を教えています。その中には、以下のような、語学学校などほかの機関でもあまり教えられていない言語が含まれています。

　ウルドゥー語、カンボジア語、台湾語、ネパール語、ミャンマー語、
　モンゴル語

　また、岩手県国際交流協会では、2018年度の例ですが、中国語（北京語）、広東語、台湾語というように中国系の3つの言語を個別に取り上げています。このようにしているのは、ほかに DILA と ICC だけで、特異な扱いと言えます。

取り上げられている言語の数や種類

1、学校教育との比較

　学校教育以外で学べるのは85言語で、これは学校教育の一般の授業で開講されている言語数を大きく超えています。

　外語系大学の授業で言語数が多いのは、先にも述べた東京外国語大の70言語ですが、85言語はこれを15言語も上回っています。ただ、東京外国語大の例は、外語系の大学ですし、異例中の異例にあたります。1991年の大学設置基準の大綱化以来、外語系の大学ではない一般の大学では、自由選択などで受講できる外国語の数は減っていく一方です。このような状況下で、上智大や桜美林大の19言語、16言語は特異と言えます。つまり、総体として、学校教育である大学の授業で学べる外国語は、極めて限られています。

2、上位11番目までの言語

　次の表3は、開講されている言語が多い順の「上位11番までの言語」です。

表3　開講言語数の「上位11番まで」

順位	言語	機関数
1	韓国語、中国語	36
3	スペイン語	33
4	フランス語	32
5	ドイツ語	29
6	イタリア語	24
7	インドネシア語、ポルトガル語	20
9	ベトナム語	19
10	タイ語	17
11	ロシア語	16

　一方、学校教育ではどのような言語を教えているのでしょうか。大学における英語以外の異言語教育は、先に触れたように、1991年の大学設置基準の大綱化を境にますます先細りになっています。そこで、現在でも質量ともに、ある程度の水準を保っている高校教育における例を取り上げます。文部科学省の「英語以外の外国語の科目を開設している学校の状況について（高校）」の2014（平成26）年版（本調査時における最新版）を見ると、開講言語数が15言語で、開講高校数が延べ1,360校（実数708校）、履修者数が48,129名です。このうち上位11言語は以下の表4になります。

表4　英語以外の外国語を開設している学校の状況

履修者数の順位	外国語	高校数	履修者数
1	中国語	517	19,106
2	韓国語	333	11,210
3	フランス語	223	9,214
4	ドイツ語	107	3,691
5	スペイン語	109	3,383
6	ロシア語	27	795
7	イタリア語	13	356
8	ポルトガル語	12	141
9	ペルシャ語	4	66
10	ベトナム語	2	46
11	フィリピノ語（タガログ語）	4	41

ちなみに、12位以下の言語は、古典ラテン語、タイ語、ネパール語、トルコ語です。

　表3と表4は、調査の年度や比較の要素も異なりますが、2つの類似点や相違点をこの11言語に限ってみると、次の3点にまとめられます。

1）本調査も文科省調査も、上位2つは中国語、韓国語で占めて、その後に、本調査ではスペイン語、フランス語、ドイツ語と続き、文科省調査ではフランス語、ドイツ語、スペイン語となり、順序に若干の違いが見られる。
2）上記の5言語に続く3言語は、本調査ではイタリア語、インドネシア語、ポルトガル語で、文科省調査ではロシア語、イタリア語、ポルトガル語というように、インドネシア語とロシア語の有無の違いが見られる。
3）本調査で取り上げていて文科省調査で取り上げていない言語は、インドネシア語、タイ語である。逆に、文科省調査にあって本調査にない言語は、ペルシャ語、フィリピノ語（タガログ語）である。

3、取り上げる機関が少ない言語

　取り上げている機関が少ない言語を、1機関のみ、2機関のみ、3機関のみの順で示すと、表5になります。

表5　取り上げる機関が少ない言語

[1つの機関のみが扱っている言語（33言語）]
アイスランド語、アイヌ語、アイルランド語、アムハラ語、アルメニア語、イディッシュ語、ウェールズ語、エジプト語、エスペラント、カザフ語、ゲール語、古典ギリシャ語、古典ヘブライ語、シリア語、スコットランド語、上海語、スロバキア語、タタール語、東欧・中欧語、パーリ語、パシュトー語、バスク語、バリ語、パンジャビー語、東アルメニア語、フリジア語、ベラルーシ語、北欧語、マラティー語、マルタ語、満州語、リトアニア語、琉球語

[2つの機関が扱っている言語（11言語）]
ウズベク語、カタロニア語、キルギス語、サンスクリット語、シンハラ語、スロベニア語、セブアノ語、セルビア／クロアチア語、タミル語、ダリー語、ラテン語

[3つの機関が扱っている言語（6言語）]
ギリシャ語、デンマーク語、ノルウェー語、ハンガリー語、ブルガリア語、ラオス語

これらの言語は、取り上げている機関が少ないだけに貴重な言語と言えます。語学学校などの機関としては、経営的にも不利かもしれません。しかし、この営利にあまり関係しないという点に、教養度・文化度の高さが垣間見られるとも言えます。

学校教育以外の機関が果たしている教養の役割

本章では、英語以外の異言語が、学校教育以外の機関でどの程度教えられているかを調査・分析し、多少の考察を加えました。

まとめとして、開講機関と開講言語の2つに大別して主な点を抽出し、最後に、教育の自由と、語学学校など学校教育以外の機関が果たしている教養の役割について触れます。まず、開講機関に関しては以下の4点になります。

1）英語以外の異言語を5つ以上教えている機関は38機関であり、この数は、大学など日本の学校教育と比較すると多い。

2）38機関は、語学学校などが16機関、カルチャーセンターが3機関、大学の公開講座が6機関、公共放送が2機関、自治体の国際交流協会などが11機関である。このうち、大学の公開講座は、大学が持つ社会への貢献と責任を鑑みると、その数を増やして然るべきである。

3）多くの言語を開講している機関の上位は、DILA（61言語）、ICC（48）、東京外国語大公開講座（36）、バークレー（31）、アイザック（30）、朝日カルチャー（28）となる。少数先住民語なども扱っていて、多言語教育の推進の役割を果たしている。

4）NHKは、ラジオは9言語、テレビは8言語扱っていて、テキスト代も安価で、全国で受信・視聴ができるため、外国語教育の貢献度は高い。ただ、ラジオもテレビも、アジアの言語（タイ語、ベトナム語、インドネシア語など）を取り上げていないのは残念である。

言語の数や種類に関しては、以下の3点になります。

1）教えられている言語の種類の総数は85言語で、大学など学校教育の授業で教えられている数を超えている。
2）表3にあるように、85言語のうち、最も多くの機関が開講している言語は、中国語と韓国語（36機関）で、順にスペイン語（33）、フランス語（32）と続く。1機関のみでしか教えられていない言語は33言語である。この言語数の多寡の差は、社会の要請、需要・供給の実態から生じている。
3）85言語の中には、アイヌ語、バスク語、台湾語、琉球語、エスペラントなど、少数話者言語、先住民語や政治的に不利な立場にある言語、さらに人工語まで含まれている。

　以上を、〈はじめに〉で触れた教育の自由および実用と教養の観点からまとめると、次のようになります。まず、開講機関、開講言語ともいわば「ばらつき」があるのは、各機関のそれぞれの教育理念で「自由に」英語以外の異言語教育に対処していることを示しています。つまり、教育の自由に基づいている結果です。次に、語学学校をはじめとして、開講している言語は、いわば社会の実用の必要性から生じているのですが、結果的には、大学などの学校教育が忘れがちな先住民語、少数話者言語、政治的に脇に置かれがちな言語を取り上げることになっています。このような「その言語人口の少なさのために一般に役に立たないと思われている言語も知らしめている。したがって、一般市民により多くの言語に関心を抱かせている」という「教養」の点でも大きな貢献をしていると言えます。

おわりに

　最後に、日本の多言語化の今後の展望について触れて本章を閉じます。総じて言いますと、日本の多言語化は、その速度は遅いかもしれませんが、今後も進んでいくと予想されます。周知のように、2018年12月には、入

管法「改正」案が国会を通り、外国人労働者の受け入れが「緩和」され、ますます日本は「移民大国」になりつつあります。その際には、賃金や労働条件などの改善に加えて、多言語対応サービスが急務になります。

　この根底には、本章前半の〈調査の前提と方法〉でも触れたように、グローバリゼーションの2つの要素である「統一化」と「多様化」のうち、多様化への対応があります。そのために、日本人や日本社会が英語以外の多くの異言語に興味・関心を持ち、少しでもその内容を学ぶことが必要です。今回取り上げた学校教育以外の異言語教育は、まだ、不十分な部分もありますが、このような日本の状況に対応するために重要な役割を果たしています。特に、取り上げる言語の種類に関しては、学校教育の異言語教育にとっては大いに参考になります。

参考文献

森住衛（2012）「英語以外の外国語の拡充（〈リレー連載〉英語教育時評4）」『英語教育』2012年7月号，大修館書店，p. 43.

森住衛（2013a）「多言語への窓口（〈リレー連載〉多言語世界へのまなざし1）」『英語教育』2013年4月号，大修館書店，p. 55.

森住衛（2013b）「英語教育の二重機能（〈リレー連載〉英語教育時評12）」『英語教育』2013年3月号，大修館書店，p. 41.

Webサイト

文部科学省（2016）「英語以外の外国語の科目を開設している学校の状況について（平成26年5月1日現在）」<https://www.mext.go.jp/b_menu/shingi/chukyo/chukyo3/058/siryo/__icsFiles/afieldfile/2016/05/25/1371098_1.pdf>（2020年5月1日閲覧）

第Ⅱ部
・
多言語な
ニッポンの
歩き方

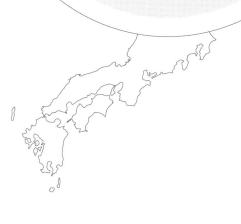

第6章

外国人観光客への
真の「おもてなし」

長谷川由起子・柿原武史

佐賀県祐徳稲荷神社の多言語のおみくじ

21世紀に入り、日本は本格的な観光立国時代を迎えました。国をあげて
の観光振興策によって経済は潤い、地域の活性化にも貢献しています。
一方で、古くからの有名観光地にも、これまであまり知られていなかった
地域にも、過去になかった大勢の外国人旅行客が訪れ、地域住民とさま
ざまな軋轢を生んでいるのも事実です。今後ますます訪日外国人旅行客
の増加が見込まれる中、観光に関わる人々、そして地域の人々はどう対応
していけばいいのでしょうか。各地の対応事例などを通じて、考えてみた
いと思います。

はじめに

　少子高齢化やグローバル化に伴い、日本の産業構造が変化する中で、観光業の重要性が高まりました。2003年に訪日旅行促進事業「ビジットジャパン」キャンペーンが始まり、2005年の「観光立国宣言」に続き、2007年の「観光立国推進基本計画」に基づいて、さまざまな具体的観光施策が打ち出されました。

　まさにこの時期、周辺のアジア諸国の国民所得が上昇し、日本入国のためのビザ発給の条件が緩和され、円安や格安航空会社（以下、LCC）の参入によって旅行代金が安く抑えられるようになりました。これらが追い風となり、2008年から2018年の10年間で外国人観光客は約3.7倍となりました。

　また、近年はSNSで個人的に拡散された情報が大量に行き交うようになったことで、かつては旅行業者が企画したプランに参加していた旅行客が、個人旅行を楽しむようになりました。SNSで日々発信される情報により、これまで知られていなかった観光地や飲食店がつぎつぎに開拓され、そのディープな楽しみ方までさまざまな言語で紹介されるようになりました。さらに、スマートフォンの地図アプリを使えば行き先まで難なく到着でき、翻訳アプリを使えばことばの壁をやすやすと乗り越えることもできる時代を迎えました。

　このような情報技術の発達や環境の変化は、旅行者の行動パターンや観光の概念を大きく変えていくことでしょうし、受け入れる側の態度や考え方もそれに対応していかざるを得ないでしょう。本章では、外国人観光客がますます増加する各地の観光現場で、観光に関わる行政、企業、地域住民などの対応例や、多言語による真の「おもてなし」について考えてみたいと思います。

世界的観光都市—京都の困惑—

　千年の歴史と伝統を誇る京都は、江戸時代後期にはすでに今でいう観光の対象となっていたと言われています。今から100年ほど前に外国人観光客の受け入れが始まったころから、京都は外国人にも人気の観光地でした。いわば日本の中で最も観光客慣れした都市の一つだと言えます。それでも近年の外国人観光客の増加には困惑しているようです。

　2018年に「住宅宿泊事業法」が施行され、いわゆる民泊が解禁されてから、さまざまなトラブルが生じていると報道されています。普通の住宅街に夜遅く響きわたるスーツケースのゴロゴロという騒音、ゴミのポイ捨て、大声での会話などに近隣の住民たちが悩まされているのです。

民泊を巡る苦情相談窓口を案内するチラシ（京都市情報館）

　また、個人旅行が増えたことで、路線バスが外国人観光客で満員になり、地域住民の通学通勤に支障が生じていると言います。そのほかにもインスタ映えする写真を撮ろうと、入ってはいけない場所に入る、道に広がって歩き、ほかの歩行者の妨げになる、食べ歩きでトラブルになるなど、さまざまな問題が指摘されています。

日本語のわからない外国人が地域の日常の中に入り込んできて、日本の習慣やマナーに反する行動をすることに対し、観光客慣れしている京都の人々でさえも、不満や不安を感じるのは当然のことだと言えるでしょう。しかし、今後さらなる増加が予想される外国人観光客に、ただ目を背けたり、No! を突き付けたりするだけでは物事は解決しません。やはり相手に合わせた言語で丁寧に地元の思いを伝え、少しずつわかってもらうしかありません。

　そこで、京都の自治体や地域の観光協会、さらには地元の学生グループなど、地域に密着したさまざまな団体が、多言語によるポスターやチラシ、看板などを市内各所に配置したり、インターネットでの観光情報に添えて、マナー啓発をおこなうサイトを運営したりと努力を重ねています。

マナー啓発用の多言語ポスター（京都市情報館）

　スペインやイタリアのような歴史ある観光立国でも、近年、観光客が増えすぎることによる弊害「オーバーツーリズム」に頭を悩ませており、観光客排斥のデモまで起こっていると伝えられました。このような事態に対し、たとえば違法な旅行業者にペナルティをかけたり、ゴミの不法投棄や迷惑行為を厳しく取り締まったり、一定の入場制限をおこなうなど、罰則と課金で抑える方法も取られています。

しかし、やはり相手にことばで説明し、理解、納得してもらうということが何より重要でしょう。インバウンド観光は、経済効果もさることながら、外国人に自国の文化を味わってもらい、良さを知ってもらうことで、国際理解を促進し、地域の平和を保つ役割も担っています。今後も増えることが予想される外国人観光客とこれを受け入れる地方自治体や地元民が、どうやって理解し合い共存していくのかは、世界共通の課題だといって良いでしょう。

佐賀とタイ―攻めで結んだ縁―

　九州は国内のほかの地域と比べても温泉や火山など天然の観光資源に恵まれ、古くから観光が地域経済の柱となってきました。その中で佐賀県は、ほかの九州各県に比べるとインパクトのある観光資源が少ない地域とされてきました。

　しかし、大規模開発がおこなわれなかったがゆえに、古き良き日本の情緒にあふれる風景が残っています。佐賀県はこれをむしろ観光の強みと捉え、海外へのアピールを積極的におこなってきました。中でも古くから親日国として知られるタイの映画製作会社に、佐賀をロケ地としてプロモートしたところ、狙いが的中しました。2012年ごろからタイの映画やドラマの撮影が佐賀を舞台におこなわれ、これらのヒットでロケ地ツアーが流行し、観光客の誘致に成功したのです。

佐賀県鹿島市を舞台としたタイの大ヒット映画のポスター

映画のロケ地となった鹿島市の祐徳稲荷神社の現宮司の鍋島朝寿さんは、以前から神社を地域に貢献する場と捉え、地元の商店街や国際交流団体と協力して、外国からの観光客を積極的に受け入れてきたそうです。日本文化を楽しんでもらうためにも、英語はもちろん、韓国語や中国語も勉強し、タイとの交流が始まると、タイ語にも取り組みました。そして団体客に神社の案内をしたり、文化体験をしてもらったり、日本の伝統や信仰について講話をおこないにタイまで出向いたりもしたと言います。境内の案内板が多言語なのはもちろん、おみくじも通常の日本語の文面の隣に、英語・中国語（簡体字）・中国語（繁体字）・韓国語・タイ語で併記された「外国語みくじ」が置かれています。

　いまや、タイにおける確固たる知名度を持つに至った佐賀県は、こんどはフィリピンに映画ロケ地のプロモートをおこない、すでに成果が出つつあると言います。フィリピンは英語が通用していますが、おもてなしの達人である鍋島現宮司、次はタガログ語に取り組むことでしょう。

国境の島―対馬―

　福岡と韓国の釜山の間に位置する、全長80kmほどの細長い島である長崎県対馬市は、近年、韓国の人たちにとって最も近くて気軽に行き来できる外国として注目されています。山がちで農業に適した土地が少なく、主な産業は漁業で、古来より朝鮮半島と日本列島の間を取り持つ交易で栄えてきた対馬では、もともと日韓の友好促進に力を注いできました。

　サッカーのワールドカップ日韓共催大会を前に日韓両国間の友好ムードが高まった2000年ごろ、釜山港と対馬中南部に位置する厳原港の間に高速船が就航すると、韓国からの観光客が増え始めました。需要に応えて2015年には、釜山と島北端の比田勝港との間に船会社が新規参入し、就航便が急増しました。その増加率は目覚ましく、2018年には島の人口のおよそ10倍にあたる30万人が来日しました。

釜山港から比田勝港までは高速船に乗って１時間余りと、対馬は韓国人にとって一番安くて早くて気軽に行ける外国です。一方、対馬は人口減少の進む離島ですが、美しい自然と昔ながらの懐かしい風景という優れた観光資源があります。商業施設の不足が指摘されていましたが、最近は港近くに韓国人向けの免税店や土産物店が軒を連ね、宿泊施設や飲食店も充実してきました。

　では、このような観光の最前線では訪日韓国人観光客にどう対応しているのでしょうか。対馬を訪れた私（長谷川）が厳原港近くの素朴な食堂に入り夕食を取っていると、４〜５人の韓国人グループ客がつぎつぎに訪れます。彼らを迎えた店員はアルバイトと思しき中年の女性でしたが、韓国語訳が添えられたメニューを手に、片言の韓国語で注文を取っていきます。若い男性グループが一度言った注文をほかのものに変えたり、ビールの杯数も訂正したりしたため困った顔をしていましたが、それでも物おじせずに伝えるべきことをしっかり伝えていました。また、家族連れには子どもの好みを気遣ったり「マシッソヨ？（おいしいですか）」とことばを交わしたりと、地方の食堂らしい温かみを感じるおもてなしでした。

　私が店員の女性に「韓国語がお上手ですね」と声をかけると、韓流ドラマが好きで、今も勉強中なのだと言います。決して流暢な韓国語ではありませんでしたが、目の前の客のニーズをしっかり汲み取り、店側の事情をきちんと伝え、客への配慮を怠らないという立派な対応をしていたのが印象的でした。

　別の機会には対馬の北端の比田勝港の付近の民泊に１泊しましたが、ここも私以外はすべて韓国人客でした。民泊ですから、主人は宿泊業のプロではありませんし、英語も韓国語も流暢ではありませんでしたが、あちこちに手書きの韓国語と英語の貼り紙をし

手書きの日韓対訳メニュー

て施設の利用法を知らせるとともに、マナーを守ってもらう工夫もしていました。旅行客の子どもが体調を崩して部屋で休んでいると聞くと、食事を別に用意する旨を身振り手振りで伝えます。はじめは何のことかわからずにいた旅行客はその意味を理解するや、とても感激していました。これぞ言語も含めて相手に寄り添った真の「おもてなし」だと思いました。

　日本の本土からすると離島である対馬は、本土からの観光客が伸び悩む一方で、韓国からの観光客ばかりが急増しているということが、否定的な印象で語られることがあります。確かに韓国人観光客が急増した当初は、釣場が荒らされる、ゴミをきちんと処理しない、飲酒マナーが悪いなど、さまざまな問題が指摘され、島民の中には韓国人観光客への嫌悪感を示す人もいたようです。

　しかし、韓国語によるパンフレット、貼り紙、チラシなどさまざまな形で情報発信を重ね、島民側も対応のしかたに慣れ、また韓国人観光客の側でも SNS などを通じて外国での習慣の違いやマナーの周知が進み、韓国人観光客の増加とは裏腹にトラブル件数は減少していると言います。他国と国境を接する地域は、「辺境」と呼ばれたりしますが、インバウンド観光の面ではまさしく「最先端」でもあるのです。

増加率が世界一！―大阪の人気は抜群―

　大阪を訪れる外国人観光客数は、2011年の158万人から2018年には約7倍の1,141万人に増加しました（大阪府 2018）。同じ期間に日本を訪れた観光客数が622万人から約5倍の3,119万人に増加したのと比べても、その増加率の高さは際立っています。あるクレジットカード会社の調査では、2009年から2016年までの海外からの渡航者数が最も大きく伸びた都市として、大阪が世界1位に選出されました。

　なぜ大阪を訪れる外国人観光客がこれほどまでに増えたのでしょうか。その要因として、京都、神戸、奈良といった関西の主要観光圏の要に

位置し、ユニバーサル・スタジオ・ジャパンといった世界的アミューズメントパークへのアクセスが良く、東京に比べて物価が安いことなどが指摘されます。またLCC元年と言われた2012年以来、関西国際空港に就航するLCCの急増や、2015年には大阪観光局が発足して大阪をアピールし、国際的なブランドとするため官民挙げてさまざまな取り組みをおこなっていることなども挙げられるでしょう。しかし、どうもそれだけではないようです。

　観光地へのアクセスが良いとは言っても、公共交通機関を効率よく利用することは大阪を初めて訪れた外国人観光客にとって容易なことではありません。大阪から京都、神戸、奈良へは、それぞれ電車で20〜40分ほどで行くことができますが、切符の買い方はもちろん、路線情報、乗り換え方法、特急や急行などの乗り方の要領などを知ることは、かなりハードルが高いと言えます。しかし関西では外国人観光客を念頭に、このハードルを低くする方策が採られているのです。

　関西地区では古くから大手私鉄5社を中心に提携や協力がおこなわれてきましたが、そのことが外国人観光客受け入れに大きな力を発揮しているようです。ICカードの共通化は当然のことながら、さまざまな商品開発を共同でおこなっています。その一環としてKansai Thru Passのような訪日外国人向けの企画乗車券が開発され、外国人観光客を含む、多くの観光客が関西一円の観光地を周遊するのに利用しています。

　そのほか「大阪周遊パス（Osaka Mazing Pass）」というチケットも便利です。大阪の電車やバスはもちろん、いちいち切符を買わなくてもほとんどの観光施設にそのまま入場できるので、外国人に限らず日本人観光客にも受けているのです。私（柿原）も年に1度はこのチケットを利用して観光地を訪れているのですが、道頓堀や通天閣、大阪城、空中庭園といった主要な観光地で見かける多くの観光客がこのチケットを使っているのを見て、その浸透率の高さを実感しています。

大阪駅で販売されている観光客向けの乗り放題チケット

大阪は「受け入れる」だけじゃない

　大阪の工夫はこれだけではありません。戦後、歴史的に在日コリアン
が多く集まり住んだ大阪には、ベトナムや中国などさまざまな国か
らやってきた子どもたちも数多く暮らしています。これら外国にルーツ
を持つ子どもたちは、日本の社会や学校に適応し、勉強を頑張るために
日本語を学んでいますが、日本語を重要視するあまり、自分の家族が話
す言語の大切さが理解できず、自らのルーツに劣等感を覚えてしまうこ
とも少なくありません。日本社会において少数派である自らの存在を否
定的に捉え、自信をなくし、地域や学校で孤立してしまうこともありま
す。そんな子どもたちが、自分の言語を使用することで人の役に立てる
としたら、どんなに自信と勇気がわくことでしょう。

　そこで、府立高校に通う外国にルーツを持つ生徒たちの支援活動など
おこなってきたNPO法人おおさかこども多文化センター（Okotac: オコ
タック）が、2015年から大阪市交通局（当時）と大阪府立の高等学校と協
力し、市営地下鉄の主要駅で、夏休みや冬休み、春節の時期などに外国
人観光客のための通訳ボランティアとして活動する機会を設けました。
開始当初は「府立高校生の中華圏観光客通訳ボランティア」という企画

で、主に中国にルーツを持つ生徒たちが参加していましたが、その後、ほかの言語を話す生徒たちも参加するようになっていきました。自動券売機の前で困っている外国人観光客に生徒たちが話しかけると、観光客はほっとした表情になります。そして生徒たちにいろいろと質問をし、生徒たちも誇らしげに案内をしているそうです。駅の職員からも感謝され、生徒たちはみな大いに自信を持てるようになると言います。

　子どもたちが堂々と自分のルーツの言語で話したり、その言語を学んだりできるということは、自尊心を持って日本社会で暮らしていくために必要なことです。さらに将来、子どもたちが自分の親や親戚とのコミュニケーションを維持し、日本と自らのルーツの国との橋渡し役をできるようになるためにも、自分のルーツの言語を学び続けることはとても重要なことなのです。しかし、日本に暮らす多くの子どもたちがその必要性や重要性を理解できず、自分のルーツの言語を学ぶことをやめてしまい、ルーツ言語を忘れてしまいます。

　そんな中でこの活動は、生徒たちがルーツとするそれぞれの言語で日本社会の役に立つことができ、自信を持てる絶好のチャンスとなっています。そして、子どもたちのルーツ言語の維持とさらなる学習の動機づけともなっているのです。この取り組みでは、外国人観光客に向けての利便性だけでなく、子どもたちが持っている言語資源を活用し、彼らを外国人材として育てることも大切にしています。そのことが回りまわって大阪の外国人観光客増加率につながっているのかもしれません。

100でなくても0よりは1―まずは始めよう―

　私（長谷川）は福岡の大学で韓国語を教えています。地理的条件から福岡は韓国からの観光客が非常に多く、学生たちもアルバイト先で韓国人観光客と接することがしばしばあるようです。そのため学生からアルバイト先で使うセリフを韓国語で何と言えば良いのかという質問をよく受けます。「年齢をご確認させていただきます」「こちらでは両

替をおこなっておりません」「履物はご自身でこちらの靴箱にお入れください」など、それぞれにアルバイト店員にとってはお客に伝えられないと困るセリフです。

　このような場面で感じるのは、たとえ初級であっても韓国語を履修した学生はこういった韓国語を教わるとなかなか上手に使いこなすのですが、韓国語をまったく習ったことのない学生には、教えても覚えたり使いこなしたりするのは難しいようだということです。半年か1年でもその差はあるように思われます。外国語を教室で習うことの価値はここにあるのではないでしょうか。

　ある外国語を学び始めたとしても、それを使いこなせるようになるには長い月日と絶え間ない努力が必要です。訪日外国人の出身地域が多様化し、話される言語も多岐にわたる現在、それらの言語を全部学ぶことは不可能です。だから外国語を学んでも無駄だ、とか、英語だけなんとか話せれば十分だと考える人がいるかもしれませんが、気になる言語を少し習ってみるというのは決して無駄なことではないのです。

　外国語を学んだからといって、すぐに自分の言いたいことが言えたり、そのことばで話された内容が聞き取れたりするようにはならないと思われるかもしれません。それでも、少し学んだことがあることばを実用的なレベルに引き上げるのは、ゼロの状態からなんとかしようとするよりずっと容易で効率的なのです。

　最近ではAI技術が急速に進歩し、スマートフォンの翻訳・通訳アプリを使えば、ことばの問題などすっかり解決しそうに思われるほどです。しかし、どんな言語かまったく知らないままでは、アプリで翻訳したとしても、どこか不安ではないでしょうか。何と読むのか、どの部分がどの意味や発音にあたるのか、まったく見当もつかないはずです。

　ところが、少し学んだことのある言語だと、発音のしくみがだいたいわかるし、どの部分がどの意味にあたるのかが何となくわかったりして、単語の入れ替えなどの応用も利きます。また、少し知っていることをベースに、アプリを使いながらその言語を学習することも可能です。ことばの学習は、教科書や授業だけを通しておこなわれるものではあり

ません。翻訳アプリを使っているうちに、いつのまにか韓国語がそこそこわかるようになっていたという学生もいます。「100でなくても0よりは1を」のつもりで、気になることばを学んでみてはいかがでしょうか。

おわりに

　今、国を挙げて外国人観光客に対する「おもてなし」体制構築が進められています。東京都ではオリンピック・パラリンピックに向けて、ボランティア育成のためにも高校生への外国語教育に力を入れています。英語だけでなく、中国語、韓国語、ドイツ語、フランス語、ロシア語などさまざまな言語で、片言でもいいので「おもてなし」のできる人材を育てようとしているのです。

　海外旅行をしたことのある人なら、ことばがうまく通じなくて心細い思いをしているとき、少しでもわかることばで話しかけられてほっとしたという経験があるのではないでしょうか。相手が日本語を流暢に話せなかったとしても、日本語を話そうとしてくれているとか、日本のことを理解したり受け入れようとしてくれていることが安心感につながるのでしょう。

　皆さんが、自分と関わりのありそうな人たちのことばを学べば、そのことばで上手にコミュニケーションを取れるところまでいかなくても、そのような開かれた姿勢そのものが真の「おもてなし」につながるのではないでしょうか。

Webサイト

京都市情報館 (n.d.)「民泊通報・相談窓口」<https://www.city.kyoto.lg.jp/hokenfukushi/page/0000201777.html>（2020年4月29日閲覧）
京都市情報館 (n.d.)「外国人観光客等へのマナー啓発の取組等について（随時更新）」<https://www.city.kyoto.lg.jp/sankan/page/0000214071.html>（2020年4月29日閲覧）
大阪府 (2018)「主要5か国・地域別　来阪外国人旅行者数（推計値）」<http://www.pref.osaka.lg.jp/kanko/toukei/index.html>（2020年4月29日閲覧）

第7章

地方自治体のホームページから見る多言語対応

白山利信・芹川京次竜

東京都のホームページ

　皆さんは粗大ゴミの出し方を知りたいと思ったとき、どのようにして情報を入手しますか。おそらく、自治体の広報誌を見たり、それが手元になければ、インターネットで自治体の情報を検索したりするのではないでしょうか。では、隣に住む外国人の方はどのように調べるのでしょうか。実は、現在多くの自治体が、日本語以外の言語で、ゴミ出しをはじめさまざまな生活情報をインターネットで発信しているのです。本章では、自治体の多言語による情報発信について見ていきます。

はじめに

　外国で生活したり、旅をしたりするときに、誰しも感じるのがことばの壁でしょう。なかでも日本語はひらがな、カタカナ、漢字という 3 つの文字体系を持つため、読み書きに苦労する外国人は多いようです。こうした外国人たちが生活者や旅行者として日本に滞在するときに、仮に日本語がわからなくてもある程度活動できるように、自治体や交通機関、商業施設などを中心に、ことばの壁を低くする工夫や支援がおこなわれています。

　たとえば、冒頭の写真を見てください。これは東京都の公式ホームページです。トップページは日本語なのですが、トップページ上の右上角のLanguage という表示を 1 回クリックすると、この写真の画面が出てきます。日本語のほかに、外国語として英語、中国語、韓国語のサイトが用意されています。その目的は、外国人に東京都の情報を発信し、その取り組みを理解してもらうためです。

　いまや近隣諸国のみならず文字どおり世界中の国や地域から観光やビジネス、留学などで日本にやってきて滞在する外国人が増えています。そのため在留外国人の出身国の多様化が進んでおり、普段の生活空間でさらなる多言語対応が必要になってきています。

ホームページでの多言語による情報発信

　生活などに関わる多様な情報を個人に届けることができる最も有効な手段の一つがインターネットのホームページ（以下、HP）です。総務省の調査によると、2018年の日本の個人インターネット利用率は13歳から59歳までの各階層で利用率が93％を超え、特に20代では98.7％に達しています（総務省 2019）。いまやインターネットで必要な情報を入手するというライフスタイルが定着していると言えるでしょう。

　こうしたインターネット使用状況は、日本で生活する多くの外国人にも当てはまることです。そのため日本の各地方自治体は、住民登録をしてい

る外国人住民に情報を提供する目的で、あるいは地域の観光資源を国外に
もアピールする目的で、そのHP上で日本語以外の言語による情報提供を
おこなうようになっています。

　そこで、都道府県、政令指定都市、特別区（以下、東京23区）のHP
がいくつの言語で閲覧できるか調べてみました。その結果が表1です。
表1〜表4では、便宜上、中国語は簡体字版（中華人民共和国）と繁体
字版（台湾）をそれぞれ1言語として扱っています。また通常の日本語
とは別に、外国人用にわかりやすくした「やさしい日本語」も1つの言
語として数えています。

表1　都道府県、政令指定都市、特別区のHPの閲覧可能言語数

2019年2月18日現在

言語数	都道府県名	政令指定都市	特別区
91	－	大阪	－
90	神奈川	－	台東
19	宮崎	－	目黒
17	－	－	江東
13	大阪	－	－
11	茨城	岡山	－
9	千葉	仙台・名古屋・神戸・堺	－
8	栃木・山梨・長野・愛知・滋賀・香川	横浜・川崎・浜松・広島	大田
7	群馬・埼玉・三重・兵庫・高知	新潟・静岡	－
6	北海道・秋田・新潟・富山・石川・和歌山・鳥取・岡山・島根・徳島・福岡・沖縄	－	－
5	青森・岩手・山形・福島・東京・岐阜・広島・山口・愛媛・佐賀・長崎・熊本・大分・鹿児島	札幌・千葉・京都	板橋・北・品川・文京
4	宮城・福井・静岡・京都・奈良	さいたま・相模原・北九州・福岡・熊本	足立・荒川・江戸川・葛飾・渋谷・新宿・杉並・墨田・世田谷・中央・千代田・豊島・中野・練馬・港

臼山・芹川により作成

調査した限り、HP上の使用言語が日本語のみという自治体は一つもありませんでした。どのHPでも、少なくとも4言語以上で閲覧可能になっています。また全体として、閲覧可能言語数を4言語から8言語に設定している自治体が多いことがわかります。使用言語の選定は各自治体の事情にもよりますが、埼玉県や仙台市などの場合、外国人住民の話し手の数の多い言語を選んでいるようです。HPの閲覧可能言語数が最も多いのが大阪市の91言語です。神奈川県と台東区も90言語となっています。日本で暮らす外国人住民の出身地は196ヵ国・地域にのぼりますから、これらの自治体はそうした外国人住民の多様性に最大限応えている例と言えるでしょう。

　90言語、91言語といっても、HPの記載内容がすべて専門家によって翻訳されているというわけではありません。それでは費用面でもたいへんですし、特に希少言語の場合、翻訳人材の確保は容易なことではありません。そのため、主要な文章の翻訳は専門家に任せるものの、それ以外は民間企業の自動翻訳サービスを活用するなどしています。たとえば、神奈川県と大阪市はGoogle翻訳サービスを使い、台東区はGoogle翻訳サービスと高電社のJ-Server Professionalを併用しています。自動翻訳サービスは、HP上の日本語情報をクリック一つで翻訳する非常に手軽なものですが、欠点は、翻訳がどうしても不完全になってしまうことです。それでも必要な情報への何らかの手がかりが十分得られるレベルであることから、日本語のできない外国人にとっては非常に有益なシステムだと言えます。

HPの多言語対応の方式

　表2は47都道府県、表3は全国の20の政令指定都市、表4は東京23区の各自治体の閲覧可能言語数、言語名を調査してまとめたものです。
　個別言語専用のHPがある場合は、その言語名を太字で示し、「対応」の欄には自治体ごとのHP上での対応方式について、次のような記号で示しました。

A：各言語専用の HP
B：Google 翻訳サービス
C：高電社 J-Server Professional
D：クロスランゲージ社 WEB-Transer
E：グローバルデザイン社
F：pdf をダウンロード
G：外部サイトへのリンク

＊ B〜E は民間企業の自動翻訳サービス

表2　47都道府県の HP の閲覧可能言語数および言語名

都道府県	言語数	言語名	対応
北海道	6	日本語・英語・中国語（簡体字）・中国語（繁体字）・韓国語・ロシア語	A
青森県	5	日本語・英語・韓国語・中国語（簡体字）・ロシア語	A
岩手県	5	日本語・英語・中国語（簡体字）・中国語（繁体字）・韓国語	B
宮城県	4	日本語・英語・中国語（簡体字）・韓国語	B
秋田県	6	日本語・英語・韓国語・中国語（簡体）・中国語（繁体字）・タイ語	A
山形県	5	日本語・英語・中国語（簡体字）・中国語（繁体字）・韓国語	B
福島県	5	日本語・英語・中国語（簡体字）・中国語（繁体字）・韓国語	A
茨城県	11	日本語・英語・ポルトガル語・タガログ語・中国語（簡体字）・中国語（繁体字）・韓国語・インドネシア語・タイ語・スペイン語・ベトナム語	A
栃木県	8	日本語・英語・中国語（簡体字）・中国語（繁体字）・韓国語・フランス語・ポルトガル語・スペイン語	C
群馬県	7	日本語・英語・中国語（簡体字）・中国語（繁体字）・韓国語・スペイン語・ポルトガル語	B
埼玉県	7	日本語・英語・中国語（簡体字）・韓国語・スペイン語・ポルトガル語・やさしい日本語	C＋A＋G
千葉県	9	日本語・英語・中国語（簡体字）・中国語（繁体字）・韓国語・スペイン語・ポルトガル語・タガログ語・タイ語	A
東京都	5	日本語・英語・韓国語・中国語（簡体字）・やさしい日本語	A
神奈川県	90	日本語・英語・中国語（簡体字）・中国語（繁体字）・韓国語・フランス語・タイ語・マレー語・インドネシア語・アイスランド語・アイルランド語・アゼルバイジャン語・アフリカーンス語・アラビア語・アルバニア語・アルメニア語・イタリア語・イディッシュ語・イボ語・ウェールズ語・ウクライナ語・ウズ	B

		ベク語・ウルドゥー語・エストニア語・エスペラント・オランダ語・カザフ語・カタロニア語・ガリシア語・カンナダ語・ギリシャ語・グジャラト語・クメール語・グルジア語・クロアチア語・ジャワ語・シンハラ語・スウェーデン語・ズールー語・スペイン語・スロバキア語・スロベニア語・スワヒリ語・スンダ語・セブアノ語・セルビア語・ソト語・マリ語・タガログ語・タジク語・タミル語・チェコ語・チェワ語・テルグ語・デンマーク語・ドイツ語・トルコ語・ネパール語・ノルウェー語・ハイチ語・ハウサ語・バスク語・ハンガリー語・パンジャブ語・ヒンディー語・フィンランド語・ブルガリア語・ベトナム語・ヘブライ語・ベラルーシ語・ペルシア語・ベンガル語・ポーランド語・ボスニア語・ポルトガル語・マオリ語・マケドニア語・マラーティー語・マラガシ語・マラヤーラム語・マルタ語・モンゴル語・モン語・ヨルバ語・ラオ語・ラテン語・ラトビア語・リトアニア語・ルーマニア語・ロシア語	
新潟県	6	**日本語・英語・中国語（簡体字）・中国語（繁体字）・ハングル（韓国語）・ロシア語**	A＋B
富山県	6	**日本語・英語・中国語（簡体字）・韓国語・ロシア語・ポルトガル語**	A
石川県	6	**日本語・英語・中国語（簡体字）・韓国語・ロシア語・ポルトガル語**	A
福井県	4	**日本語・英語・中国語（簡体字）・ポルトガル語**	A
山梨県	8	**日本語**・英語・ポルトガル語・フランス語・韓国語・中国語（簡体字）・インドネシア語・ベトナム語	D
長野県	8	**日本語・英語・中国語（簡体字）・ポルトガル語・韓国語・タガログ語・タイ語・やさしい日本語**	A
岐阜県	5	**日本語・英語・タガログ語・ポルトガル語・中国語（簡体字）**	A
静岡県	4	**日本語・英語・韓国語・ポルトガル語**	A
愛知県	8	**日本語・英語・中国語（簡体字）・中国語（繁体字）・韓国語・スペイン語・ポルトガル語・ベトナム語**	A＋B
三重県	7	**日本語・英語・中国語（簡体字）・中国語（繁体字）・韓国語・ポルトガル語・スペイン語**	A
滋賀県	8	**日本語**・英語・中国語（簡体字）・中国語（繁体字）・韓国語・ポルトガル語・スペイン語・タガログ語	B
京都府	4	**日本語・英語・中国語（簡体字）・韓国語**	A
大阪府	13	**日本語・英語・中国語（簡体字）・中国語（繁体字）・韓国語・タイ語・インドネシア語・ベトナム語・スペイン語・ポルトガル語・フランス語・ドイツ語・イタリア語**	A
兵庫県	7	**日本語・英語・韓国語・中国語（繁体字）・中国語（簡体字）・フランス語・ロシア語**	A
奈良県	4	**日本語**・英語・中国語（繁体字）・ポルトガル語	A
和歌山県	6	**日本語**・英語・中国語（簡体字）・中国語（繁体字）・韓国語・フランス語	C

鳥取県	6	日本語・英語・韓国語・中国語（簡体字）・中国語（繁体字）・ロシア語	C
島根県	6	日本語・英語・韓国語・中国語（簡体字）・中国語（繁体字）・ロシア語	G
岡山県	6	日本語・英語・中国語（簡体字）・韓国語・フランス語・タイ語	A
広島県	5	日本語・英語・中国語（簡体字）・中国語（繁体字）・韓国語	B
山口県	5	日本語・英語・中国語（簡体字）・韓国語・スペイン語	A
徳島県	6	日本語・英語・中国語（簡体字）・中国語（繁体字）・韓国語・ドイツ語	A
香川県	8	日本語・英語・中国語（簡体字）・中国語（繁体字）・韓国語・ドイツ語・フランス語・イタリア語	B
愛媛県	5	日本語・英語・中国語（簡体字）・中国語（繁体字）・韓国語	B
高知県	7	日本語・英語・中国語（簡体字）・中国語（繁体字）・韓国語・インドネシア語・ベトナム語	B
福岡県	6	日本語・英語・中国語（簡体字）・韓国語・タイ語・ベトナム語	A＋B
佐賀県	5	日本語・英語・中国語（簡体字）・中国語（繁体字）・韓国語	A
長崎県	5	日本語・英語・中国語（簡体字）・中国語（繁体字）・韓国語	A
熊本県	5	日本語・英語・中国語（簡体字）・中国語（繁体字）・韓国語	A
大分県	5	日本語・英語・中国語（簡体字）・中国語（繁体字）・韓国語	D
宮崎県	19	日本語・英語・中国語（簡体字）・中国語（繁体字）・韓国語・フランス語・イタリア語・ドイツ語・スペイン語・ポルトガル語・ロシア語・インドネシア語・タイ語・ベトナム語・ヒンディー語・マレー語・オランダ語・スウェーデン語・タガログ語	C
鹿児島県	5	日本語・英語・中国語（簡体字）・中国語（繁体字）・韓国語	A
沖縄県	6	日本語・英語・中国語（簡体字）・中国語（繁体字）・韓国語・スペイン語	B＋E

最終閲覧年月：2019年2月〜3月

表3　全国の20の政令指定都市の HP の閲覧可能言語数および言語名

政令指定都市	言語数	言語名	対応
札幌市	5	日本語・英語・中国語（簡体字）・韓国語・ロシア語	A
仙台市	9	日本語・英語・中国語（簡体字）・中国語（繁体字）・韓国語・スペイン語・フランス語・ロシア語・ベトナム語	C
さいたま市	4	日本語・英語・中国語（簡体字）・韓国語	C
千葉市	5	日本語・英語・中国語（簡体字）・韓国語・スペイン語	A＋B

横浜市	8	**日本語・英語・中国語**（簡体字）**・中国語**（繁体字）**・韓国語・**スペイン語・ポルトガル語・**やさしい日本語**	A
川崎市	8	**日本語・英語・中国語**（簡体字）**・中国語**（繁体字）**・韓国語・**スペイン語・ポルトガル語・フィリピノ語	A
相模原市	4	**日本語・英語・中国語**（簡体字）**・韓国語**	C
新潟市	7	**日本語・英語・中国語**（繁体字）**・中国語**（簡体字）**・韓国語・**ロシア語・フランス語	A
静岡市	7	**日本語・英語・中国語**（簡体字）**・中国語**（繁体字）**・韓国語・**スペイン・ポルトガル語	B
浜松市	8	**日本語・英語・中国語**（簡体字）**・韓国語・**スペイン語・ポルトガル語・タガログ語・**やさしい日本語**	A＋C
名古屋市	9	**日本語・英語・中国語**（簡体字）**・韓国語・ポルトガル語・**スペイン語・フィリピン語・イタリア語・**やさしい日本語**	A
京都市	5	**日本語・英語・中国語**（簡体字）**・中国語**（繁体字）**・韓国語**	C
大阪市	91	**日本語・英語・中国語**（簡体字）・中国語（繁体字）**・韓国語・**フランス語・タイ語・マレー語・インドネシア語・アイスランド語・アイルランド語・アゼルバイジャン語・アフリカーンス語・アラビア語・アルバニア語・アルメニア語・イタリア語・イディッシュ語・イボ語・ウェールズ語・ウクライナ語・ウズベク語・ウルドゥー語・エストニア語・エスペラント・オランダ語・カザフ語・カタロニア語・ガリシア語・カンナダ語・ギリシャ語・クジャラト語・クメール語・グルジア語・クロアチア語・ジャワ語・シンハラ語・スウェーデン語・ズールー語・スペイン語・スロバキア語・スロベニア語・スワヒリ語・スンダ語・セブアノ語・セルビア語・ソト語・マリ語・タガログ語・タジク語・タミル語・チェコ語・チェワ語・テルグ語・デンマーク語・ドイツ語・トルコ語・ネパール語・ノルウェー語・ハイチ語・ハウサ語・バスク語・ハンガリー語・パンジャブ語・ヒンディー語・フィンランド語・ブルガリア語・ベトナム語・ヘブライ語・ベラルーシ語・ペルシア語・ベンガル語・ポーランド語・ボスニア語・ポルトガル語・マオリ語・マケドニア語・マラーティー語・マラガシ語・マラヤーラム語・マルタ語・モンゴル語・モン語・ヨルバ語・ラオ語・ラテン語・ラトビア語・リトアニア語・ルーマニア語・ロシア語・**やさしい日本語**	A（日本語・英語・中国語（簡体字）・韓国語・やさしい日本語）＋B
堺市	9	**日本語・英語・中国語**（簡体字）**・韓国語・**スペイン語・ポルトガル語・ベトナム語・タガログ語・**やさしい日本語**	A
神戸市	9	**日本語・英語・中国語**（簡体字）**・中国語**（繁体字）**・韓国語・**フランス語・スペイン語・ポルトガル語・ベトナム語	A＋B
岡山市	11	**日本語・英語・中国語**（簡体字）**・中国語**（繁体字）**・韓国語・**スペイン語・ポルトガル語・フランス語・イタリア語・ドイツ語・ベトナム語	C＋F
広島市	8	**日本語・英語・中国語**（簡体字）**・中国語**（繁体字）**・韓国語・**ポルトガル語・スペイン語・フィリピノ語	C

北九州市	4	**日本語・英語・中国語（簡体字）・韓国語**	A
福岡市	4	**日本語・英語・中国語（簡体字）・韓国語**	C
熊本市	4	**日本語・英語・中国語（簡体字）・韓国語**	A

最終閲覧年月：2019年2月～3月

表4　東京23区の HP の閲覧可能言語数および言語名

特別区	言語数	言語名	対応
足立区	4	**日本語・英語・中国語（簡体字）・韓国語**	C
荒川区	4	**日本語・英語・中国語（簡体字）・韓国語**	C
板橋区	5	**日本語・英語・中国語（簡体字）・中国語（繁体字）・韓国語**	C
江戸川区	4	**日本語・英語・中国語（簡体字）・韓国語**	C＋G
大田区	8	**日本語・英語・中国語・韓国語・**タガログ語・タイ語・フランス語・ドイツ語	C
葛飾区	4	**日本語・英語・中国語（簡体字）・韓国語**	D＋A＋G
北区	5	**日本語・英語・中国語（簡体字）・韓国語・**フランス語	C
江東区	17	**日本語・英語・中国語（簡体字）・中国語（繁体字）・韓国語・**スペイン語・ポルトガル語・ヒンディー語・ネパール語・ロシア語・フランス語・タガログ語・タイ語・マレー語・ベトナム語・ミャンマー語・ベンガル語	C＋B
品川区	5	**日本語・英語・中国語（簡体字）・中国語（繁体字）・韓国語**	D
渋谷区	4	**日本語・英語・中国語（簡体字）・韓国語**	D
新宿区	4	**日本語・英語・中国語（簡体字）・韓国語**	A＋C
杉並区	4	**日本語・英語・中国語（簡体字）・韓国語**	C
墨田区	4	**日本語・英語・中国語（簡体字）・韓国語**	C
世田谷区	4	**日本語・英語・中国語（簡体字）・韓国語**	A＋C
台東区	90	日本語・英語・中国語（簡体字）・中国語（繁体字）・韓国語・フランス語・タイ語・マレー語・インドネシア語・アイスランド語・アイルランド語・アゼルバイジャン語・アフリカーンス語・アラビア語・アルバニア語・アルメニア語・イタリア語・イディッシュ語・イボ語・ウェールズ語・ウクライナ語・ウズベク語・ウルドゥー語・エストニア語・エスペラント・オランダ語・カザフ語・カタロニア語・ガリシア語・カンナダ語・ギリシャ語・クジャラト語・クメール語・グルジア語・クロアチア語・ジャワ語・シンハラ語・スウェーデン語・ズールー語・スペイン語・スロバキア語・スロベニア語・スワヒリ語・スンダ語・セブアノ語・セルビア語・ソト語・マリ語・タガログ語・タジク語・タミル語・チェコ語・チェワ語・テルグ語・デンマーク語・ドイツ語・トルコ語・ネパール語・ノルウェー語・ハイチ語・ハウサ語・バスク語・ハンガリー語・パンジャブ語・ヒンディー語・フィンランド語・ブルガリア語・ベトナム語・ヘブライ語・ベラルーシ語・ペルシア語・ベンガル語・	C＋B

		ポーランド語・ボスニア語・ポルトガル語・マオリ語・マケドニア語・マラーティー語・マラガシ語・マラヤーラム語・マルタ語・モンゴル語・モン語・ヨルバ語・ラオ語・ラテン語・ラトビア語・リトアニア語・ルーマニア語・ロシア語	
中央区	4	**日本語・英語・中国語（簡体字）・韓国語**	A＋C
千代田区	4	**日本語・英語・中国語（簡体字）・韓国語**	C
豊島区	4	**日本語・英語・中国語（簡体字）・韓国語**	A＋C
中野区	4	**日本語・英語・中国語（簡体字）・韓国語**	C＋G
練馬区	4	**日本語・英語・中国語（簡体字）・韓国語**	C
文京区	5	**日本語・英語・中国語（簡体字）・中国語（繁体字）・韓国語**	C
港区	4	**日本語・英語・中国語（簡体字）・韓国語**	C
目黒区	19	**日本語・英語・ハングル・中国語（簡体字・繁体字）・ドイツ語・スペイン語・フランス語・ヒンディー語・インドネシア語・イタリア語・マレー語・オランダ語・ポルトガル語・ロシア語・スウェーデン語・タイ語・タガログ語・ベトナム語**	C

最終閲覧年月：2019年2月〜3月

　各自治体の HP の多言語対応の方法を整理すると、次のような４つのタイプに分けられることがわかりました。

１）各言語専用の HP
　　生活情報や観光情報などの基本情報について各言語専用の HP を用意する方式。言語の区別なく情報の均一な HP を用意するケースもあれば、基本情報は英語と中国語のみで、そのほかの言語については防災情報などに限定する場合がある。

２）自動翻訳サービス
　　基本的に HP の情報を自動翻訳サービスのみに委ねる方式。自動翻訳できる言語数については自治体のニーズや考え方によって３言語から89言語までの幅がある。

３）各言語専用の HP と自動翻訳サービスの組み合わせ
　　対応言語を絞り込んで、各言語専用の HP を用意する一方、対応できないそのほかの言語については自動翻訳サービスを活用する方式。比

較的多くの自治体が採用している。

4）pdf ファイルのダウンロード
日本語の生活情報や観光情報のページに貼られたリンクから、外国人専用の相談窓口情報、災害・防災情報、医療機関情報、ゴミ出しルール情報、観光ガイド情報などが英語やそのほかの言語に翻訳された pdf ファイルをダウンロードする方式。ダウンロードできるコンテンツの種類や量は、言語によって異なることが多い。

HP の多言語対応の創意工夫

多言語翻訳情報の提供に関しては、自治体によってさまざまな創意工夫が見られます。

たとえば、自治体が提供できる情報が十分ではない場合、汎用性のある生活情報については、一般財団法人自治体国際化協会（CLAIR、通称クレア）、各自治体の国際交流協会、あるいはほかの自治体の HP にリンクを貼ったりすることもあります。また、自治体国際化協会は13の言語による生活情報や自治体向けの多言語作成マニュアルなどの支援情報を多数提供しています。

そのほかに、北海道は、日本語で書かれた HP と同じ内容を英語、中国語（簡体字）、中国語（繁体字）、韓国語、ロシア語でも開設していますが、中国語（繁体字）を除く 5 言語に自動音声読み上げ機能がついています。

神奈川県の HP では、ルビが振られていますが、ひらがなだけでなく、カタカナとローマ字でもルビを表示させることができるようになっています。ローマ字のルビ機能の導入は、明らかに外国人住民に配慮したもので、日本語を読むことができないけれども聞くだけならわかる外国人には非常にうれしい機能です。

東京都、埼玉県、横浜市、名古屋市、大阪市などのように、「やさしい日本語」の HP を開設している自治体もあります。「やさしい日本語」と

いうのは、外国人のために語彙、文法、表現を可能な限り平易にした日本語です。多くの場合、漢字にはふりがなを振っています。在留外国人に対する言語コミュニケーション上の支援は外国語でなければならないという思い込みをくつがえす新しい発想の動きだと言えます。現在、東京都世田谷区のように、政策として「やさしい日本語」の導入を決定し、「やさしい日本語」でHPや各種コンテンツ情報を提供する自治体が着実に増えつつあります。

HP以外の多言語対応

在留外国人に対する多言語対応は、当然のことながら、HP情報だけで十分なわけではありません。自治体の窓口での多言語対応も重要です。たとえば、在留外国人数の多い自治体では、外国人相談窓口を設置し、外国人登録者数に応じた、ニーズの高い言語で対応できるようにしています。足立区では、英語、中国語、韓国語の3言語による相談窓口を設置しています。群馬県では英語、タガログ語、韓国語、中国語、スペイン語、ポルトガル語、タイ語による外国人相談窓口を開設しています。

佐賀県国際交流協会では、18言語24時間対応の電話通訳サービスをおこなっています（英語、中国語、韓国語、ベトナム語、マレー語、ネパール語、タガログ語、インドネシア語、ポルトガル語、フランス語、スペイン語、ロシア語、イタリア語、ドイツ語、タイ語、ミャンマー語、クメール語、モンゴル語）。たとえば、このサービスを利用すると、（自宅にいる）外国人住民、通訳者（多言語コールセンター）、指定の市役所・病院の職員による三者間通話が可能になります。

東京都港区のように、FMラジオ放送を通じて、生活情報や区政情報などを多言語（日本語、英語、中国語、韓国語）で提供している自治体もあります。

HP の多言語対応の課題

　ここまで各地の自治体 HP の多言語対応の現状を紹介しました。各自治体における多言語対応の課題として、以下の 7 点があげられます。

1) 自治体間の多言語化情報の共有と有効利用の促進
　これまで多言語対応に積極的に取り組んできた経験豊かな自治体が、経験の乏しい、これから多言語対応に取り組む自治体に対して、すでに蓄積してきたノウハウと経験を伝えていくことがとても重要になる。

2) 自治体の多言語化に対する財政基盤の強化（国などの支援）
　政策推進のための財政基盤強化が必要となる。特に、財政規模が小さく人口の少ない自治体のマンパワーでは対応しきれないことも予想される。そうした事態に国や都道府県が何らかの人的支援や財政的支援をおこなう必要性も出てくる。

3) 英語以外の外国語による情報の質的・量的向上
　外国人住民のすべての言語について質量ともに充実させることは、永遠の課題。外国人住民の出身別人数によって言語に優先順位をつけて閲覧可能言語を定めるのが現実的だが、できる限り対応言語の数を増やす努力を惜しんではならない。

4)「やさしい日本語」による HP 情報提供の推進
　在留外国人住民が日本社会で暮らし、その構成員として日本人住民と一緒にこれからの地域社会をつくっていく以上、日本語を身につけることが必要になるため、日本語、特に「やさしい日本語」を学べる環境を整えていくことも大切である（「やさしい日本語」の詳細については、第 8 章を参照）。それと同時に、「やさしい日本語」を発信する側である日本人もそれを学び、活用できるように努めることが重要になる。

5）外国人相談窓口情報へのアクセスの改善

　　外国人相談窓口や電話通訳サービスなどの対応の質を上げること、多言語対応の業務に携わる窓口相談室員や自治体職員の育成・研修を一層充実させることなども求められる。

6）自動翻訳システム技術の一層の質的向上

　　外国人住民をサポートする人員を十分に確保できない場合、自動翻訳や自動音声通訳アプリの積極的な活用も、自治体における多言語対応の大きな手助けになる。

7）日本人地域住民の多言語対応政策に対する理解

　　自治体の努力とともに、今後国や地方自治体の政治・行政への働きかけや地域住民の多言語化政策に関する理解が必要となる。また、日本人地域住民一人一人が、超少子高齢化社会における在留外国人の役割とその重要性、すなわち日本の労働人口の減少を半ば補完しているという事実を理解しながら、彼らを日本社会の構成員として受け入れて共生していくという心構えを持つことが求められる。

おわりに

　2019年4月に施行された出入国管理法の改正によって外国人の「特定技能1号」「特定技能2号」という在留資格が新設されました。これは、介護、建設、航空、宿泊、農業、漁業、外食産業など、人手不足が深刻な14の産業分野で外国人材を受け入れるための資格です。この動きを受けて、今後労働を目的とする在留外国人が日本各地で急増することが見込まれます。

　地方自治体による在留外国人住民のための多言語対応は、国全体としてはまだ始まったばかりです。これから見えてくる課題も多々あるでしょう。多言語対応の充実は、地域社会の未来をともにつくっていく存在になるであろう、外国人住民との豊かな共生関係を築くための第一歩だと思います。

＊本章は、筑波大学「日本財団　中央アジア・日本人材育成プロジェクト」の助成による成果の一部です。

参考文献

本田弘之・岩田一成・倉林秀男（2017）『街の公共サインを点検する─外国人にはどう見えるか─』大修館書店.

Webサイト

各都道府県・政令指定都市・特別区（東京23区）の Web サイト（2019年 3 月閲覧）

総務省（2019）「令和元年版情報通信白書」<https://www.soumu.go.jp/johotsusintokei/whitepaper/ja/r01/pdf/index.html>（2020年 5 月 1 日閲覧）

東京都公式ホームページ「Foreign Language」<https://www.metro.tokyo.lg.jp/foreignlanguage.html>（2020年 3 月 3 日閲覧）

第8章

「やさしい日本語」は
多文化共生社会の橋渡し役

臼山利信・岡本能里子

避難訓練時の「やさしい日本語」（弘前市、2019年9月）

　「やさしい日本語」ということばを耳にしたことはありませんか。「やさしい日本語」とは、普通の日本語よりも簡単で、外国人にもわかりやすいことばのことを言います。現在、仕事や留学などで日本に暮らす外国人が増えてきて、ほとんど日本語ができない人も数多くいます。それでも日本で生活し、働いていく場合には、最低限の日本語によるコミュニケーション能力が必要になります。今、この「やさしい日本語」が地方自治体などで大きな注目を集めています。本章では、日本社会と定住する外国人住民との橋渡し役としての「やさしい日本語」の現状などについて紹介します。

はじめに

　1995年1月17日、阪神・淡路大震災が起こりました。この大災害により、6,439人が犠牲となりました。これらの犠牲者の中には174人の外国人が含まれています。震災後、弘前大学の佐藤和之教授の研究グループによる聞き取り調査がおこなわれ、犠牲になった多くの外国人が、日本語による災害情報や避難情報を入手できずに、被害を拡大させた可能性が高いことがわかりました。生き残った日本語の不慣れな外国人の中には、避難所まで行くことができず、被災した家屋にずっと残っていた人もいました。

　災害発生時に、正確な災害情報や避難情報を外国人住民に伝えることは、国や自治体の責務です。しかし、それらの情報を何語で伝えるのかというのは、実は非常に難しい問題です。外国人住民には英語で伝えれば十分かというと、そうとも言えません。中国や韓国から来た人、タイやベトナムから来た人、南米諸国から来た人、エジプトなどの中東諸国から来た人など、国籍や出身地はさまざまです。そのため、彼らの母語も多様で、英語がわからない人も多くいるのです。災害発生時から72時間が生死を分けると言われていますが、緊急時には、多言語翻訳する時間や余裕もありません。そこで佐藤教授たちは、災害発生時に最も効果を発揮するのは英語ではなく、むしろ日本語で、普通の日本語を外国人にもわかるように表現を工夫した「やさしい日本語」だと考え、その研究をスタートさせました。

　このように、阪神・淡路大震災の際に、災害情報を外国人被災者に迅速かつ適切に伝達できず、被害を拡大させた反省から生まれたのが、「やさしい日本語」だったのです。

「やさしい日本語」のレベルと特徴

　「やさしい日本語」の具体的なレベルと特徴について、弘前大学人文学部社会言語学研究室（以下、弘大研）が作成した基準に基づいて、具体的に見てみましょう。

「やさしい日本語」のレベルは、基本的な文法のほか、ひらがなや簡単な漢字300字程度、語彙約1,500語を習得し、簡単な日常生活の会話や読み書きができる程度のものです。これは、日本の小学校３年生で使用する国語の教科書の漢字、ひらがな、カタカナ表現に相当します。また現在の日本語能力試験（国際交流基金、財団法人日本国際教育支援協会主催）の一番難しいＮ１から一番やさしいＮ５までの５段階中Ｎ４（旧３級）レベルに相当します。

　さらに、「やさしい日本語」の特徴がよくわかるように、誰もが「やさしい日本語」で情報を伝えられるようにすることを目指したガイドラインを定めています。たとえば、以下のような12のルールを掲げています。

　1）難しいことばを避け、簡単な語を使う。
　2）文を短くして文の構造を簡単にする。その際、文は、文節の切れ目ごとに余白をあける分かち書きにして、ことばのまとまりを認識しやすくする。
　3）災害時によく使われることば、知っておいた方が良いと思われることばをそのまま使う。
　4）カタカナ外来語はなるべく使わない。
　5）ローマ字は使わない。
　6）擬態語や擬音語は使わない。
　7）使用する漢字や、漢字の使用量に注意する。その際、すべての漢字にルビ（ひらがな）を振る。
　8）時間や年月日を外国人にも伝わる表記にする。
　9）動詞の名詞化を避け、できるだけ動詞文にする。
　10）あいまいな表現は避ける。
　11）二重否定の表現は避ける。
　12）文末表現はなるべく統一する。

　これらをここでは便宜上「弘前大ルール」と呼びます。弘前大ルールの最大の特徴は、日本語を300時間程度学習し、初級日本語コースを修了し

たレベルの表現方法（旧日本語能力試験3級程度／現N4）を目安としながらも、必ずしもそれにこだわることなく、外国人にとってよりわかりやすい表現となっているか否かという点を最も重視していることです。

　それでは「やさしい日本語」の具体的なイメージをつかむために、普通の日本語を弘前大ルールに基づいて「やさしい日本語」に言い換えた、弘大研のパンフレットの文章を紹介します。Aは、阪神・淡路大震災が起きた直後のニュース報道に基づいた普通の日本語で、Bが「やさしい日本語」です。

A：今朝、5時46分ごろ、兵庫県の淡路島付近を中心に広い範囲で強い地震がありました。気象庁では、今後しばらく余震が続くうえ、やや規模の大きな余震が起きるおそれもあるとして、強い揺れで壁に亀裂が入ったりしている建物には近づかないようにするなど、余震に対して十分に注意してほしいと呼びかけています。

B：今日　朝　5時46分、兵庫　大阪などで、大きい　地震が　ありました。
　余震〈後で　来る　地震〉に　注意して　ください。
　地震で　こわれた　建物に　注意して　ください。

　外国人住民にとってAとBのどちらの文がわかりやすいか、その違いは一目瞭然です。このように、普通の日本語で理解できない内容でも「やさしい日本語」に言い換えると、より多くの外国人住民にも大切な情報を伝えることができるのです。

自治体などで広がる「やさしい日本語」

　弘大研が中心に提唱した「やさしい日本語」は、この20年間で徐々に社会的に大きな広がりを見せてきました。特に、日本社会の少子高齢化が

進み、さまざまな分野で労働力不足などが顕在化してくる中、急増する在留外国人住民への対応に迫られる自治体も多くなってきました。そうした自治体では、弘前大ルールを参考にした「やさしい日本語」を導入し、外国人向けに、災害などの緊急時のための避難情報をハンドブックやガイドブックの形で発行しています。また、自治体や関係団体のホームページからダウンロードすることもできます。

　たとえば、板橋区文化・国際交流財団では、地震、台風、火事などの災害時に外国人が何を知っておくべきか、どのように対処し避難するべきか、日ごろの備えをどうしておくべきかなどについて、「やさしい日本語」で説明した『外国人のための防災ガイドブック』をホームページで公表し、当財団の窓口でも冊子を配布しています。

外国人のための防災ハンドブック

同ガイドブックの「2　大雨と台風」については、次のように書かれています。

　　夏に、短い　時間に　雨が　たくさん　降ることが　あります。台風のときも、たくさん　雨が降ります。

　　大雨、台風のときは

　・川へ　行かないで　ください。川を　渡らないで　ください。
　・がけ崩れ〈山が　壊れる〉に　注意して　ください。
　・いつでも　逃げることができるように、準備をして　ください。
　・マンホールから　水が　たくさん　出てくるかもしれません。
　　近くに　行かないで　ください。
　・マンホールの　ふたが　開いていて　落ちるかもしれません。
　　マンホールは、車が　走る　道に多いです。車の　道は、歩かない
　　で　ください。

　慣れていない人には、分かち書きが少し気になるかもしれませんが、どれも簡潔でわかりやすい文になっています。このガイドブックは、「やさしい日本語」、英語、中国語、韓国語、タガログ語、ベトナム語、スペイン語の7言語のバージョンがあります。
　「やさしい日本語」を使って、外国人住民に一斉メールで防災情報を配信する自治体もあります。愛知県岡崎市は、2010年から防災緊急メール「防災くん」のサービスを開始しました。これは、市民が登録すれば、地震情報、警報情報、避難情報などの防災関連情報をすぐにメールで受け取れるというものです。配信されるニュースは、1.天気、2.土砂崩れ、3.地震、4.東海地震、5.浸水、6.市役所の6種類です。現在、普通の日本語のほか、ポルトガル語、英語、「やさしい日本語」でも無料で登録でき、多くの外国人住民が利用しています。

「防災くん」の広報チラシ

たとえば、天気のニュースでは、以下の内容が配信されます。

天気(てんき)の　危(あぶ)ない　ニュース
大雨　(おおあめ＝［雨(あめ)が　とても　多(おお)くて　危(あぶ)ない］)
洪水　(こうずい＝［川(かわ)の　水(みず)が　多(おお)くて　危(あぶ)ない］)
暴風　(ぼうふう＝［風(かぜ)が　強(つよ)くて　危(あぶ)ない］)
暴風雪　(ぼうふうせつ＝［風(かぜ)と　雪(ゆき)が　多(おお)くて　危(あぶ)ない］)

メールの画面上では漢字にルビを振れないので、気象状況を示す漢字の

後に、読み仮名をカッコに入れ、さらに「やさしい日本語」による説明が加わります。

とやま国際センターは、防災ワンポイントアドバイスとして「やさしい日本語」に加え、英語、ポルトガル語、中国語の4言語で、外国人住民のための情報提供をラジオ放送（FMとやま）でおこなっています。内容は、応急手当（出血、やけど）、集中豪雨（集中豪雨、梅雨）、台風、地震、火災、雪への備え（降雪、凍結）、雪崩などです。

次の文は、「やさしい日本語」で放送されている雪崩についての音声による説明全体を、弘前大ルールを参考にして筆者が書き起こしたものです。実際に放送された内容をもとにしていますので、必ずしもルール通りではない箇所もありますが、「やさしい日本語」のラジオ放送がどのようなものなのかイメージしていただけると思います。便宜上、この音声による説明文は分かち書きにしていますが、アナウンサーによる実際の言語音声では、句読点以外の位置で音声上の区切りはありません。

> 富山県（とやまけん）は、たくさん 雪（ゆき）が 降（ふ）ります。雪（ゆき）が たくさん 降（ふ）ると、山（やま）の 斜面（しゃめん）などに 積（つ）もった 雪（ゆき）が、急（きゅう）に 崩（くず）れ落（お）ちることが あります。これを、雪崩（なだれ）といいます。雪崩（なだれ）は とても 危険（きけん）です。雪崩（なだれ）に 遭（あ）わないよう、次（つぎ）のことに 気（き）をつけましょう。
>
> 1）雪崩（なだれ）が 起（お）こりやすい 場所（ばしょ）は、急（きゅう）な 斜面（しゃめん）です。道（みち）に、「雪崩注意（なだれちゅうい）」や、「落石注意（らくせきちゅうい）」の 看板（かんばん）が ある 場所（ばしょ）には 近（ちか）づかないようにして ください。
> 2）雪崩（なだれ）は 一度（いちど）に たくさんの 雪（ゆき）が 降（ふ）ったときや、急（きゅう）に 気温（きおん）が 高（たか）くなったときに 起（お）こりやすいです。晴（は）れていても、急（きゅう）な 斜面（しゃめん）には 注意（ちゅうい）して ください。
> 3）スキー場（じょう）では、決（き）められた コースを 滑（すべ）って ください。コース以外（いがい）の 場所（ばしょ）を 滑（すべ）ると、雪崩（なだれ）が 起（お）きることが あり、とても 危険（きけん）です。
> 4）家（いえ）の 屋根（やね）にも 多（おお）くの 雪（ゆき）が 積（つ）もります。雪崩（なだれ）では ありませ

んが、屋根から　落ちてくる　雪で、けがを　することも　ありますので、普段から　気をつけて　ください。

最近は　雪が　少ないですが、これから　たくさん　降るかもしれません。そのときは　気をつけて　ください。

　また、防災・減災のための「やさしい日本語」は、小学校から大学までの教育現場でも使われ始めています。たとえば、年間2,400人以上の留学生を受け入れている筑波大学では、2018年11月の防災訓練で試験的に「やさしい日本語」を使用しました。訓練では地震発生時を想定し、以下の内容の音声（一部）が放送されました。

少し　前に　大きな　地震が　ありました。落ち着いて　ください。まず、自分の　体を　守って　ください。倒れそうなものに　気をつけて　ください。頭の　上に　あるものに　気をつけて　ください。外を　よく　見てから　逃げて　ください。

　日本にやってくる外国籍の児童・生徒・学生の数が増えれば増えるほど、小中高大の校内防災訓練などで「やさしい日本語」を使うケースが、今後ますます多くなると予想されます。
　自治体の防災行政無線放送でも「やさしい日本語」が使われています。長崎県の佐世保市では、2016年6月から「やさしい日本語」を使った防災行政無線放送を始めました。次の表1は、導入後初期の、河川増水による避難勧告の例です。

表1　佐世保市の避難勧告に関する当初の「やさしい日本語」の例

河川増水（避難勧告）	
【やさしい日本語未使用】 こちらは防災佐世保市です。 ○○川の水位が、避難判断水位を超えたことに伴い、避難勧告を発令しました。 沿岸の住民は直ちに避難場所へ避難してください。	【やさしい日本語使用】 こちらは防災佐世保市です。 ○○川の水があふれそうです。 川の近くに住んでいる人は今すぐ安全なところに逃げてください。 これは避難勧告の発令です。

　佐世保市の避難勧告での「やさしい日本語」の導入は、外国人住民だけでなく、障がい者や高齢者、子どもにも配慮する必要もふまえてなされました。なお、表1の下線部の「これは避難勧告の発令です。」という最後の一文は、その放送が避難勧告であることを障がい者や高齢者にはっきりと周知するためのものです。現在の、河川増水による避難勧告の文例は、さらに改良され、より洗練されたものとなっています（表2）。

表2　佐世保市の避難勧告に関する現在の「やさしい日本語」の例

大雨で川があふれそうなとき（避難勧告・指示）
【サイレン音】 こちらは防災佐世保市です。 この地域にたくさんの雨が降りました。 ○○川から水があふれるかもしれません。 安全な場所に逃げてください。 【サイレン音】

　佐世保市の事例は、「やさしい日本語」が外国人住民の命を守ることにとどまらず、日本人住民の障がい者や高齢者、子どもの命を守ることにも有効であることが認識された点で、社会的に極めて大きな意義があります。まさに「やさしい日本語」が提唱され始めたときの意図を超えた副産物と言えそうです。

緊急時の「やさしい日本語」から平時の「やさしい日本語」へ

　阪神・淡路大震災の際、災害情報を外国人被災者に迅速かつ適切に伝達できなかった反省から生まれた「やさしい日本語」は、いまや外国人住民の防災や減災の目的から数多くの自治体に受け入れられ、なくてはならない情報伝達上の大切な言語手段になりました。それどころか、「やさしい日本語」は、本来の防災や減災の目的を超え、外国人住民の生活全般に関わる情報を伝える有効なことばにまでなってきています。

　鹿児島市では、防災や減災という枠組みを超えて、市のホームページ上で、すべての生活情報を、すなわち暮らしの情報から、健康・福祉、子育て・教育、文化・スポーツ、環境・まちづくり、産業・しごと、そして市政情報にいたるまで、日本語、中国語（簡体字・繁体字）、韓国語のほかに、「やさしい日本語」でも提供しています。

鹿児島市の「やさしい日本語」によるホームページ

鹿児島市のように、「やさしい日本語」の使用を防災や減災だけに限定せず、外国人住民のためになると考えられるすべての生活領域にまで広げていく動きは、全国規模の流れになりつつあります。2019年3月現在、都道府県では、埼玉県、東京都、長野県、政令指定都市では、横浜市、浜松市、名古屋市、大阪市、堺市のホームページ情報全般が、鹿児島市と同様、「やさしい日本語」で閲覧できるようになっています（自治体の多言語対応については、第7章を参照）。

　2009年に公表された国立国語研究所の「生活のための日本語：全国調査」（全国20地域で20歳以上の外国人住民1,662名を対象に実施された調査）によると、「日常生活に困らない言語」として日本語をあげた回答者が61.7％（1,026/1,662）に達し、英語と回答した外国人住民が36.2％（601/1,662）にとどまることが判明しました。このデータは、阪神・淡路大震災後、外国人住民を守るための緊急時の言語を英語ではなく、日本語に定めた弘前大の佐藤教授らの決断の正しさを裏づけました。現在、全国の自治体に広まりつつある外国人住民を対象とした「やさしい日本語」の使用が、有効に機能している証しともなっています。

　一橋大学の庵功雄教授たちは、年々増加する外国人住民を日本社会の構成員として受け入れ、多文化共生社会を築いていくことを念頭において、緊急時だけでなく、平時から「やさしい日本語」を使用していくことを提唱しています。

　現実に「やさしい日本語」の使用される領域は、災害などの緊急時から日常生活などの平時へ、自治体での活用から自治体を超えた社会一般での活用へと拡大していっています。たとえば、報道分野では、NHKが2012年から「やさしい日本語」によるニュースを「NEWS WEB EASY」というWebサイトで提供しています。分かち書きはなされていないものの、固有名詞を色分けし（国名・地名はオレンジ色、組織・団体名は青色）、難しい単語には下線を引き、その箇所をクリックすると「やさしい日本語」による簡単な説明文が読めるようにしています。また、漢字のルビを表示させたり消したりできるようにし、記事の内容を普通のニュースの記事でも読めるようにするなど、非常によく工夫しています。さらに、

NHK ラジオでも、2019年4月からニュース番組「やさしい日本語で "今週の日本"」を国際放送の NHK ワールド JAPAN で放送しています。

医療分野でも、「やさしい日本語」の積極的な導入についての議論が始まっています。2019年5月に順天堂大学の武田裕子教授と聖心女子大学の岩田一成准教授が、受付や外来診療、検査や処方箋の説明、病棟での入院生活などにおいて、次のような具体的な文例をあげて、「やさしい日本語」が役立つ可能性を指摘しています（表3）。

表3　医療現場における「やさしい日本語」使用例

【普通の日本語使用】	【やさしい日本語使用】
初診の方は保険証と、お持ちでしたら紹介状をお出しください。	この病院は初めてですか？ 保険証（見本の写真などを見せながら）はありますか？ 他の病院からの手紙はありますか？
普段、内服している薬はありますか？	あなたは、毎日くすり（実物を見せながら）を飲みますか？
食後に一錠内服してください。	ご飯の後に、1つ飲みます。

観光分野では、大手広告代理店の電通が中心となって発足させた、やさしい日本語ツーリズム研究会による事例があります。たとえば、福岡県柳川市のように、非英語圏のアジア諸国からの外国人観光客が多い地域で、街をあげて地元住民に対する「やさしい日本語」研修会をおこない、外国人観光客に「やさしい日本語」での対応を心がけるといった取り組みがおこなわれています。また訪日外国人観光客向けの WEB マガジンを運営しているベンチャー企業の株式会社 MATCHA は、日本各地の観光地、店やレストラン、地場産業などの観光情報を「やさしい日本語」を含む10言語で発信しています。今後、観光業界などにおいて、「やさしい日本語」を使って外国人観光客をもてなそうという機運が高まっていくことが考えられます。

「やさしい日本語」は、多言語間の自動翻訳技術の分野での活用も期待されています。国立研究開発法人情報通信研究機構が開発した、31言語

に対応した無料の音声翻訳アプリ「VoiceTra」は、その翻訳精度がすでに実用レベルに到達していると言われています。

　しかし、複雑な文などは自動翻訳では誤訳されることもあります。そのため、日本語話者が「やさしい日本語」の知識を持ち、それを自在に使えるようになれば、こうした翻訳アプリを有効に使っていくことも可能になるのです。

「やさしい日本語」をめぐる課題と「やさしい言語」の展望

　「やさしい日本語」の使用の可能性が拡大する中で、その課題も浮き彫りになってきました。具体的には、次の2つです。

　1）「やさしい日本語」の標準化
　2）「やさしい日本語」の普及・推進

　一つ目の「やさしい日本語」の標準化については、自治体などでの採用が増え続けるにつれ、「やさしい日本語」を用いる際のルールの統一性が薄れていることが大きな課題です。弘前大ルールはあくまで目安ですので、何らかの拘束力を持つものではありません。そのため、「やさしい日本語」といっても多様な形態が数多く存在します。すべての文をひらがなだけの表記にしているもの、分かち書きをするものもあればしないものもあり、漢字にルビを振るものもあれば振らないものもあります。このように「やさしい日本語」の書き方の基準は、厳格に守られているわけではありません。その結果、自治体独自の「やさしい日本語」作成法がつぎつぎに生まれていく可能性もあります。

　また、先にも述べたように、当初「やさしい日本語」の使用目的が、災害などの緊急時に外国人住民を守るためであったのが大きく拡張され、今ではそれを超えた、平時の外国人住民の生活全般を支えるためのものへと変容しています。生活情報やニュースを伝えるためには、一つの文を10

文節程度に縮減したり、使用する語彙を2,000語に制限したりするといっ
た「やさしい日本語」のルールは、必ずしも必要ではなくなってきます。

　公的なルールがない中、「やさしい日本語」の無制限の使用をこのまま
認め続けると、早晩、日本語の表記規則などに影響を及ぼすことが懸念さ
れます。そろそろ文部科学省や文化庁が、言語政策の一環として、国とし
ての「やさしい日本語」の定義やその作成のための基準とマニュアル作り
をおこなう必要があるかもしれません。

　二つ目の「やさしい日本語」の普及・推進に関しては、「やさしい日本
語」の有効性を日本社会全体で共有することが重要です。定住する在留外
国人の数が約283万人（2019年6月末）、観光やビジネスなどの一時的に
滞在する訪日外国人の数が約3,200万人（2019年末）となった現実をふま
えると、国や自治体、教育機関や企業・団体などが連携・協力して、「や
さしい日本語」の普及推進に力を入れることが必要だと考えます。その際、
「やさしい日本語」は、外国人のためだけのものではなく、多文化共生社
会の実現を目指し、受け入れ側の日本人が生涯学習として学んでいく必要
がある「日本語」なのです。

おわりに

　最後に「やさしい日本語」の大きな可能性として、緊急時や平時の「や
さしい日本語」の発想を全世界に発信することも有益です。たとえば、世
界の国・地域が共通語の役割を英語だけに求めるのではなく、フランスで
は「やさしいフランス語」、中国では「やさしい中国語」、ロシアでは「や
さしいロシア語」といったように、自国の公用語や地域の有力言語を「や
さしい言語」として再構築し、自国内や地域内の共通語の一つとして、外
国人とのコミュニケーションを図るという考えを広めるのです。そうする
ことで、「やさしい日本語」のアイデアが、世界の人々に貢献することに
つながるのではないでしょうか。「やさしい日本語」は、感染症などの世
界的な流行に関連する情報についても、在留外国人や一時滞在者に発信す
る上で、すでに大きな役割を果たしつつあります（東京都 2020; 福岡市

2020; 港区 2020)。

　このように、「やさしい日本語」は、多文化共生への道を歩む日本社会の日本人住民と外国人住民の橋渡し役という大切な役割を担っています。そして、「やさしい日本語」という発想そのものが、世界中の多言語・多文化社会のあり方にも何らかの良い影響を与えることができるかもしれないのです。

＊本章は、筑波大学「日本財団　中央アジア・日本人材育成プロジェクト」の助成による成果の一部です。

参考文献

庵功雄 (2016)『やさしい日本語──多文化共生社会へ──』岩波書店.

国立国語研究所日本語教育基盤情報センター学習項目グループ・評価基準グループ (2009)『「生活のための日本語：全国調査」結果報告〈速報板〉』国立国語研究所.

佐藤和之 (2012)「やさしい日本語」平成24年度版中学校『国語 2 』光村図書出版，pp. 40-48.

武田裕子・岩田一成 (2019)「やさしい日本語を用いた外国人医療 [提言]」『Web 医事新報』 No. 4961, p. 60.

Webサイト

板橋区文化・国際交流財団 (2018)「外国人のための防災ガイドブック」<https://www.itabashi-ci.org/int/disaster-prevention/>（2020年 3 月 3 日閲覧）

岡崎市 (2018)「おかざき防災緊急メール「防災くん」」<https://www.city.okazaki.lg.jp/oshirase/bosai-mail.html>（2020年 3 月 3 日閲覧）

鹿児島市 (n.d.)「やさしいにほんご」<https://www.city.kagoshima.lg.jp/gaikokugo/japanese/index.html>（2019年 8 月20日閲覧）

佐世保市 (2016)「防災行政無線での放送文例（やさしい日本語）」<https://www.city.sasebo.lg.jp/bousai/yasasiinihongo-hinanbunrei.html>（2020年 3 月 3 日閲覧）

筑波大学 (2018)「平成30年度筑波地区防災訓練の実施について」<http://www.tsukuba.ac.jp/wp-content/uploads/201810221420.pdf>（2020年 3 月 3 日閲覧）

東京都 (2020)「東京都外国人新型コロナ生活相談センター（TOCOS）の臨時開設について（第285報）」<https://www.metro.tokyo.lg.jp/tosei/hodohappyo/press/2020/04/30/12.html>（2020年 5 月 1 日閲覧）

とやま国際センター (n.d.)「外国人生活情報」<http://www.tic-toyama.or.jp/life/disaster_information.html>（2020年 3 月 3 日閲覧）

弘前大学人文学部社会言語学研究室 (n.d.)「弘前大学人文学部社会言語学研究室」<http://human.cc.hirosaki-u.ac.jp/kokugo>（2019年 9 月20日閲覧）

福岡市 (2020)「【やさしい日本語】新型コロナウイルスについて」<https://www.city.fukuoka.lg.jp/soki/kokusai/shisei/japanese/charseasyja.html>（2020年 5 月 1 日閲覧）

港区 (2020)「【やさしい日本語】新型コロナウイルス感染症（かんせんしょう）について」<https://www.city.minato.tokyo.jp/hokenyobou/yasanichi.html>（2020年 5 月 1 日閲覧）

第9章

コリア系住民の歴史から学ぶ
日本の未来へのヒント

長谷川由起子

大阪市生野区のコリアタウン

日本に暮らす外国人住民はついに人口の2％を超え、今後その割合はますます増えることが予想されています。しかし、彼らにとって移住先である日本は外国ですから、予想外の問題や困難に直面しやすいものです。外国人であるがゆえに理不尽な状況に直面することもあるかもしれません。本章でお話しするコリア系住民は、外国人住民の先輩格として、長きにわたりさまざまな困難を経験し、課題を克服してきました。彼らの来し方を知ることは、新たな外国人住民とともに暮らす時代にヒントを与えてくれることでしょう。

はじめに

　戦後長らく、日本に暮らす外国人の中では朝鮮半島出身者、いわゆる在日韓国・朝鮮人がその大半を占めました。「在日」と言えば在日韓国・朝鮮人のことを指すほどです（朴 1999）。一方で、かつて日本が朝鮮半島を支配していたという特殊な事情から、「在日」は日本に暮らす外国人の中でも特殊な存在とされてきました。

　「在日」を特殊と見なす一因に、一見して外国人であるとはわからないということもあるように思います。何代も日本に暮らしてきて、普通に日本語を話し、日本文化も共有している人が多いため、実は彼らの中に日本人とは異なるルーツが脈々と流れているということに気づきにくいということもあるでしょう。

　外見と名前と話すことばが日本的であれば日本人であり、そのいずれかが日本的でないと外国人だと直感的に判断してしまう人は多いのではないでしょうか。このことは昨今スポーツ界などで活躍する日本人ぽくない外見の日本人に違和感を持つことと表裏一体の感覚であるように思われます。従来の日本社会のあり方がそうさせるのでしょうが、国境をまたいだ人の交流と移動の激しい現代に、その感覚はもう考え直さなければなりません。今後さまざまな背景や事情を持つ外国人住民を受け入れ、ともに暮らしていくにあたって、相手の背景への想像力はとても大切です。

　本章では、これまで最も長期間、最大の外国人住民集団であった「在日韓国・朝鮮人」あらため「コリア系住民」の歴史と、現代も繰り広げられているさまざまな営みを紹介することで、そんな想像力を育てるきっかけにしてもらえればと思います。

「コリア系住民」という呼称

　さて、上で「在日韓国・朝鮮人」を「コリア系住民」と呼びかえました。なぜこのように呼びかえるのか、まずはその意図をご説明しましょう。

「在日韓国・朝鮮人」とは、文字どおり解釈すれば「日本に暮らす韓国籍または朝鮮籍の人」のことです。つまり、帰化により日本国籍を取得すれば、「在日韓国・朝鮮人」ではなくなり、外国人の統計からも除外されます。しかし、日本国籍を取得するということは、朝鮮半島にルーツを持つことを否定するものではもちろんありません。ソフトバンクの孫正義会長は30歳を過ぎてから日本国籍を取得したそうですが、先祖から受け継いだ姓を名乗ることで、自らのルーツを世に示しています（朴 1999: 215）。もちろん、日本国籍を取得したのだから、もはや自分は日本人だと考える人もいるでしょう。逆に、日本風の名前である通名を使い日本語で日常生活を送っているけれど、国籍を日本に変えるつもりはないという人もいます。

　1980年代後半以降には、日韓の往来が活発になり、多くの留学生や職業人、生活者が韓国から来日して暮らすようになりました（鍛冶 2013: 75）。彼らも「日本に暮らす韓国籍の人」ですから、理屈の上では「在日韓国人」となるはずですが、一般には彼らをそう呼びません。さらに、日本人などとの国際結婚により複数のルーツを持つ人もどんどん増えています。

　戦前から日本に暮らす人たちとその子孫をオールドカマーと呼び、比較的最近来日した人たちをニューカマーと呼んで区別することがあります。しかし、オールドカマーの中にも家庭や学校、社会活動を通じて韓国のことばや生活文化を維持したり、韓国への留学やビジネス、出身国の人との結婚などを通じて、ことばと文化を取り戻したりする人もいます。一方で、ニューカマーの中にもすでに孫の世代を迎え、すっかり日本のことばや生活文化に馴染んでいる人もいます。このように実態がどんどん変化し、「在日韓国・朝鮮人」という従来の呼称では捉えきれなくなってきているのが現状なのです。

　そこで、このようにさまざまな様相を呈しながらも、朝鮮半島にルーツを持って日本に暮らす人たちを、国籍に関わらず、「コリア系住民」と呼ぶことにします。日本から米国やブラジルに移住した人たちが「日系人」と呼ばれ、自らもそう自覚しているのと似ているからです。なお、ここで

「韓国」とも「朝鮮」とも言わないのは、いずれの用語もある種の偏りが感じられてしまうのに対し、「コリア」は中立的、包括的な意味で用いる習慣がすでに定着しているからです。

コリア系住民が日本に多く暮らす理由

コリア系住民は、なぜ日本で多く暮らすようになったのでしょうか。ここでは、その歴史的背景を簡単に振り返ってみます。

日本は明治維新を経て、19世紀から20世紀にかけ、アジアの中で最も早く近代化への道を邁進しました。その過程で1910年、韓国（当時の国号は大韓帝国）を併合し、事実上の植民地としました。併合前、半島から日本にやってくるのは主に留学生で、労働者の日本への渡航は制限されていましたが、併合とともに渡航制限がなくなります。

一方、日本統治下の朝鮮半島で土地所有や農業をはじめとする産業界全般の合理化が進められると、従来の慣習に従って暮らしてきた人々が土地や財産を失う事例が頻発します。1914～1917年の第一次世界大戦のころには日本本土で労働力が不足し、ここに半島の人たちの移住が促進されます（姜・金 1989: 21-22）。1920年代には、工業化に伴い人手不足に陥っていた大阪と、男性の働く場所の少なかった済州島との間に定期船航路が設けられ、済州島の男たちが数多く大阪にやってきました（金 1985）。彼らは工場だけでなくトンネル工事や河川の改修などの現場で、安い賃金、劣悪な環境の中での労働を強いられました。しかし、それでもなんとか暮らしていけるようになると、家族を呼び寄せたり、また彼らを頼って、親戚や知人が数多く大阪にやってくるようになりました。今でも大阪にはコリア系住民が多数暮らしており、中でも済州島出身者が多いのはこのためです。

その後、日中戦争（1937-45）に続き、太平洋戦争（1941-45）が始まると、日本本土の働き手は戦争に取られてしまい、深刻化した人手不足を補う労働力が朝鮮半島に求められました。特に軍需工場や炭鉱への動員に

際して、当初は企業による募集という形態であったものから日本政府の出先機関が関与する形となり、本人の意思に反して無理やり連れてこられた、いわゆる「強制連行」がおこなわれたこともあったのです。特にここ数年、日韓の間で問題になっている「徴用工」とは、こうして動員された朝鮮半島出身者なのです。

1945年、日本の敗戦により朝鮮半島が解放されると、およそ200万人に膨れ上がっていた朝鮮半島出身者の多くは我先に故郷へと帰っていきました。意に反して日本本土に連れてこられた人たちや故郷に家族を残してきた人たちは、一日も早く帰郷したかったことでしょう。帰還船が出た博多や山口県の仙崎には、朝鮮半島出身者が殺到したと言います。当時日本を実質的に統治していたGHQ（連合国総司令部）も、日本への反感を抱く朝鮮半島出身者が社会を混乱させることを恐れ、早く半島に戻ってくれることを望んでいたと言われます。

しかし、すでに10年、20年と日本に暮らし続けて日本に家庭や生活基盤ができていた人たちは、解放後も日本に残ったケースが多いと言います。解放直後に南北に分断された朝鮮半島は、政治的にも社会・経済的にも混乱に陥っていたため、しばらく帰郷を見合わせ様子を見る人たちもいました。そうこうするうち1950年には朝鮮戦争が勃発し、帰りたくても帰れる状況ではなくなります。中には一旦帰国したものの戦乱を避けて再来日する人もあり、結果的に60万人あまりのコリア系住民が戦後も日本で暮らし続けることになったのです（姜・金 1989: 104）。

日本と「難民」

自国にいれば命の危険のある状況で国外へ避難する人を「難民」と呼び、保護すべき対象だとされるようになったのは、1951年に国連で「難民の地位に関する条約」が採択されてからのことです。さらに日本で難民という概念が一般化したのは1980年代のインドシナ難民発生時でした。当時、日本はベトナムからの避難民を初めて「難民」として公式に受け入れまし

たが、実はそれ以前にも実質的な「難民」がいました。

　1945年の日本からの解放後、朝鮮半島は北緯38度を境に、南側は米軍を主とする国連軍が、北側はソ連軍が管理するという暫定措置が取られました。いずれ統一政府の樹立を目指すものでしたが、その後の米ソ冷戦の激化に伴い、統一の見込みが立たなくなります。そんな中、米軍政下で南半部での単独選挙を実施しようとする動きに対し、南北分断固定化につながるとして各地で強い反発が起こります。これに対し、米軍政はその反発が特に激しかった済州島の反対勢力を「共産主義者」だとして、数年間にわたり過酷な武力弾圧をおこなったのです。1948年4月3日に弾圧が始まったため、これを「四・三事件」と呼びます。

　このとき、命の危険から逃れるために日本に密航した人が数多くいました。特に大阪には1920年代以来、済州島出身者が集まり住んでいたため、多くの密航者が親戚・知人を頼って大阪に身を寄せることになりました（金 2015）。密航者というと、法的手続きを経ずに入国した人なのだから、問答無用に捕まえて出身国に送り返すべきだ、と考える人がいるかもしれませんが、危険や困難を覚悟の上で生存のためにそのような行動を取ることを、誰が責められるでしょうか。

　21世紀に入ってからも、シリアやリビア、スーダンなど、世界中で内戦の混乱から国外に避難する一般市民が後を絶ちません。同じように、1948年ごろから1950年代にかけて、朝鮮半島から日本には、政治的な迫害や戦乱から逃れ、ひたすら生き延びるために命の危険を冒して密かに国境を越える実質的難民が、日本にやってきていたのです。

　私自身、1980年ごろから約20年間、済州島出身者が数多く暮らす大阪の鶴橋に住み、たくさんの済州島出身の知人がいましたが、家族や知人に密航者だった人がいるという話をよく耳にしました。まじめに暮らして特別在留許可を受け、子どもも

韓国の家庭料理に欠かせない食材が並ぶ
鶴橋の乾物屋の店先

立派に育てあげた人を何人も知っています。当時の日本は、彼らを「難民」として公に受け入れたわけではなかったし、中には摘発され強制送還された人もいましたが、ひっそりと暮らす密入国者を片端から探し出して追い返すようなことはしなかったようです。結果的に、日本の法務当局も国際情勢に鑑みた人道的な対応をとっていたことになるのでしょう。

厳しい差別と世代間の苦悩

　こうして戦前から戦後にかけての過酷な時代、コリア系住民の多くは大都市や工業地帯周辺の劣悪な住環境の中で、身を寄せ合って暮らしました。しかし戦後長い間、日本では朝鮮半島出身者だというだけで厳しい差別と偏見の目が向けられていました。差別は日常的な言動だけでなく、就職や商売、会社経営などの社会活動、恋愛、結婚を含む人間関係にも及びました。そのため、戦前の創氏改名の名残である日本名を「通名」として名乗り、コリア系であることを隠して暮らすことを当たり前だと考える人も少なくありませんでした。

　このような状況は世代を重ねる中でさらなる問題を生みました。半島から渡ってきた親の世代はクセのある日本語を話し、生活習慣にも民族色が色濃かったため、日本人でないことは一目瞭然でした。一方、日本で生まれ育った子や孫の世代は日本語を普通に話し、立ち居振る舞いからも日本人と区別がつきません。そんな中で、差別と偏見に曝される理由が自分のルーツにあるとなれば、子どもたちは、親を恨んだり、祖父母のことを恥ずかしいと思ったり、自暴自棄になって非行に走ったりしてしまいがちです。自らの出自に誇りを持てないことからアイデンティティをうまく確立できず、歪んだ思考や行動を生んでしまうのです。

　かつての差別的状況は、コリア系住民自らの長きにわたる粘り強い闘いによって、今では大幅に改善されています。しかし、よく似た構造が、新たに外国人を受け入れている現在の日本社会に再び生まれていないかどうかについては、あらためて考えてみる必要があるのではないでしょうか。

親の願いと民族教育

　さて、再び戦後間もないころに戻りますが、多くのコリア系住民は、いつか出身国の政治、社会が安定した暁には帰国したい、差別と貧困に苦しまず自己実現できる祖国に帰りたいと願っていました。その日のためにも子どもたちに民族のことばをしっかり教えておこうと、全国各地に「国語教習所」を立ち上げました。これが間もなく「朝鮮人学校」へと発展し、コリア系の子どもたちに対する自前の民族教育がおこなわれました。

　ところが、当時日本を実質的に統治していた GHQ は、朝鮮半島出身者の子どもたちも日本の公立学校に就学すべきだという方針を打ち出します。抵抗するコリア系住民と警官隊の間で激しい衝突が起こり、少年が 1 人犠牲となった末、朝鮮人学校は閉鎖されてしまいます。のちに朝鮮人学校を受け継ぐ形で再建されたのが「朝鮮学校」です。

　朝鮮学校は日本政府から正規の学校と認められていませんが、コリア系の子を持つ親と、彼らのコミュニティの熱い思いと懸命の努力によって支えられてきました。北朝鮮政府の支援も受けて、すべての授業を「朝鮮語」でおこなう民族教育を一貫して実施し、70年代の最盛期には全国に160校ほどの幼稚園から大学に至る教育機関を備えるまでになりました。

　朝鮮学校に子どもを通わせる親の中には、政治的信条に基づいて学校を選んだという人もいるでしょうが、何よりも民族のことばを受け継ぎ、そのことによって自分の出自を誇りに思える子どもに育ってほしいと願っているのだと言います（ウリハッキョをつづる会 2001: 164）。日本の学校に通うことで受けるかもしれない理不尽な扱いから自由になり、子どもが安心してのびのびと育つことができるということは何ごとにも代えがたいことなのです（鍛治 2013: 80）。

　しかし、コリア系住民の中には、子どもに民族教育は受けさせたいが、北朝鮮の政治的影響を受けさせたく

日本の小学校にあたる朝鮮初級学校

はないという立場の人々もいます。そのような考えの人々によって40年代後半から50年代にかけ、政治的に中立、もしくは韓国支持を標榜する学校が関西に３校、関東に１校、設立されました。関西の３校はのちに韓国政府とともに日本政府の認可も受け、日本社会で生きていくコリア系の子どもたちに、日本の学校と変わらない授業内容を押さえたうえでコリア系にとってのみずからのことば、歴史、文化などの素養を育てていく教育をおこなってきました。

　一方、これらの民族学校を、地域的、経済的事情などにより、選択しなかったり選択できなかった人々は、子どもたちを日本の学校に通わせることになりました。中には将来も日本で暮らすことになるのだから、日本の教育を受けさせるのが当然だと考えた親もいたことでしょう。しかし、日本の学校でコリア風の名前である本名を名乗ったり、コリア系住民であることを大っぴらにしたりすることは大きなリスクです。今でこそ、どの学校でも日本風ではない名前の子どもがいることは珍しくありませんし、教師もそのような子どもたちの背景を尊重すべきことを承知しているはずです。しかし、70年代ごろまでは、コリア系であること自体が差別やいじめの原因になることもしばしばでした。そのため本名ではなく日本式の通名を名乗ることになり、そのことが自分自身の出自を否定的に捉えたり誇りが持てないことにつながるという深刻な悩みに直面することになったのです（神奈川県渉外部国際交流課 1992: 20-23; 杉谷 1993: 110）。

　ありのままの自分で日本の学校に行くことが当たり前となっている日本人とは違い、コリア系住民の親は、子どもを日本の学校に行かせるのか、民族学校に行かせるのか、同じ民族学校でも朝鮮学校なのかそれ以外の民族学校なのか、本名でいくのか通名でいくのか、いくつもの重大な選択を迫られたのです。

　欧米では、1960年代にマイノリティ（少数者）の権利、特に子どもの学習権を保障しようという動きが起こりましたが、日本では1970年前後から、学校や社会においてコリア系住民への差別をなくそうという取り組みが始まりました。中でもコリア系の子どもたちが多く在籍する関西のいくつかの公立学校で、思春期を迎えて荒れていたコリア系の子どもたちと

向き合う教師たちが現れました。子どもたち自身のルーツとなることばと文化を教えることで誇りを取り戻させるべきだと考えた教師たちは、子どもたちに教えるために自身も学びました。子どもたちが本名を堂々と名乗り、周りもそれを受け入れることができるよう、日本人の子どもたちにもコリア文化への理解を促し、コリア系の子どもたちには自信を深めさせていったのです（杉谷 1993: 114-116）。

　80年代に入ると、反差別運動やマイノリティの権利獲得運動の成果により、限られた職種とは言え公務員になれるようになったり、企業に就職する際、国籍を理由に不当な扱いを受けるような状況が是正されたりするなど、コリア系の子どもたちが将来に希望が持てるよう、徐々に改善されていきました。また、公立の小中学校でも在籍するコリア系の子どもたちのために放課後に「民族学級」を設け、コリアのことばや文化に親しむ機会を保障する学校も出てきました。

　こういった取り組みは大阪府や兵庫県、神奈川県など、コリア系住民が多く住む地域で始まりましたが、次第に全国に広がり、中国やベトナムなどほかの外国にルーツを持つ子どもたちと「共に暮らす教育」としても徐々に生かされてきています。

　現在、コリア系の子どもたちを取り巻く環境は、30〜40年前と比べるとかなり改善されたと言って良いでしょう。しかし、さらに多様な外国から人々が来日し、全国各地で家族を伴って定住している現在、その子どもたちは希望を持ってのびのびと学校生活を送ることができているでしょうか。何十年も前にコリア系の子どもたちが感じた思いを、この子たちに繰り返させない努力が、絶え間なく求められていると言えるでしょう。

21世紀の民間交流と外交関係

　1988年、ソウルで韓国初のオリンピックが開かれました。それは韓国の政治的、社会的、経済的成熟を意味しましたし、オリンピック開催を機に韓国を訪れる日本人が増えると、韓国に対する日本人の見方が少しずつ

変化しました。また、1989年、韓国の国際収支が黒字に転じたことで韓国からの海外旅行が全面自由化されると、日本を訪れる韓国人が急増し、90年代は文字どおり日韓の民間交流拡大の時代を迎えます。

　以前は臭いと言って嫌っていたキムチやニンニクを、日本人も好んで食べるようになり、韓国焼肉は人気グルメとなりました。21世紀に入ると交流は本格化します。2002年のサッカーワールドカップの日韓共催に続き、2004年には「韓流」ブームの火付け役となった韓国ドラマ「冬のソナタ」が大ヒット、2009年ごろから若者の間に広がったK-POPブームなどが日本人の韓国イメージをさらに変化させました。

　一方で、急激な「韓流」ブームの盛り上がりに反発を露わにする「嫌韓流」と言われる勢力が台頭したり、政治・外交的な問題をめぐり韓国への反感が強まるなど、対韓感情の浮き沈みは激しくなっています。また国家間の対立が民間交流を妨げるという事例も頻発しています。しかし、ここ20～30年で日本における韓国の地位が向上したことは確実です。

　ところが、北朝鮮のイメージは、1990年代以来、悪化の一途をたどっています。70年代までは日本でも社会主義が憧れの対象だったと言えば若い人は驚くと思いますが、実際、進歩的な考えの人ほど北朝鮮を支持する傾向があったのです。80年代にビルマのアウンサン廟爆破事件や大韓航空機爆破事件など、北朝鮮が起こしたとされる重大なテロ事件がありましたが、これらは南北の政治的対立に起因するものだとして、国家イメージの悪化にまで結びつくことはありませんでした。

　しかし、90年代に入ると核開発疑惑が提起され、政治犯収容所における人権問題が発覚し、2000年代には拉致被害者の存在がクローズアップされた上に、核実験やミサイル実験が繰り返されるなど、北朝鮮のイメージは悪くなる一方でした。憂慮すべきは、このことによって朝鮮学校に通う生徒たちに対する嫌がらせ事件がたびたび起こったことです。

　異国に暮らす人々にとって、出身国のイメージや居住国との外交的、政治的、社会的関係は、生活にさまざまな影響を及ぼしうる重大事です。本人に何ら責任がないにも拘らず、とんでもない事態に巻き込まれる恐れさえあるからです。

韓国系小学校の廊下に貼られていた人権啓発ポスター

　自分が身を置く社会の役に立ちながら、平穏に暮らせることを望まない人はいないはずです。ましてや子どもたちに理不尽な思いをさせることは、不満や反感の原因となるだけで誰の得にもなりません。コリア系住民も、自分のルーツを誇りに思いつつ、良き日本市民として日本人と仲良くしたい、祖国と日本が友好関係を築いてほしいと思っている人が大部分でしょう。今後、さまざまな国の出身者とともに暮らしていく社会では、隣人のそんな願いに敏感でいられる感性が求められています。

出身国のことば／外国語としてのコリア語

　移住先で生まれた子どもや孫のことばや習慣は、やがてその土地のものに取って代わられていくことが多いですが、親としては故郷のことばや習慣を忘れさせたくない、継承させたいというのが自然な気持ちです。それを失ってしまうと、まず祖父母や親戚とのコミュニケーションに支障をきたすでしょう。のみならず、自分が何者かという問いに答えが見つからないというアイデンティティの問題にぶち当たることが多くなります。戦後長い間、コリア系住民は自らの出自を隠さざるを得ない状況にあったがゆ

えに、葛藤を抱える子どもたちがたくさんいました。そんなさまざまな問題に対処するのに、出身国のことばを学ぶことは大きな力を発揮します。

また、異国に暮らす人々にも出身国に家族や親戚があり、その懐かしさから、あるいは家庭の事情から、居住国と出身国の

1年生の体育の授業が韓国語でおこなわれ、日本語を話す先生がサポートしていた韓国系の小学校

間で連絡を取りあったり、行き来したりすることは多いものです。インターネットを通じていつでもリアルタイムでつながることができ、移動の費用も時間も格段に低コストになった現在では、出身国との連絡や往来はさらに頻繁になっています。日本に暮らして4世代、5世代になるコリア系住民の中にも、継続して親族関係や結婚、留学、ビジネスなど、さまざまな形で出身国との関係を持ち続けている人が結構います。出身国に関する豊富な情報やネットワークを生かして、日本の社会や文化や経済に貢献している人もたくさんいます。そこで重要な要素はことばを通じて出身国の人たちと通じ合えることです。

外国語にしろ自国語にしろ、ことばの習得には長い年月とたゆまぬ努力が必要です。その点、幼いころから居住国のことば以外のことばを学習する動機と環境があるということは、そのことばの習得にたいへん有利です。近年では、日本における韓国のイメージが向上し、コリア語がぐんと身近になったことで、一時はすたれかかっていたことば・文化の継承が、また盛り返しているようです。韓国への往来や情報に接することが容易になったことも、学習の強い動機づけとなっていることでしょう。そうして維持したり、新たに身につけたりした言語能力やネットワークは、翻って日本社会にとっても豊かな資源として活用されます。マイノリティが出身国のことばを維持することの重要性は、アイデンティティの確立や親族とのコミュニケーションのためだけでなく、将来活用できるリソースを確保し、ひいては出身国と居住国との架け橋になるという点にもあるからです。

さらに、もう一つ大切なことは、日本社会の多数派である日本人が彼らのことばや文化に関心を持ち、学ぼうとする態度を持つことです。出身国のことばを彼ら自身で守ることも大事ですが、居住国である日本の人々にその価値を認められるということはさらに重要です。そのことで誇りと自信が得られ、日本社会に役立つ人材として、より生き生きとその能力を発揮していくという好循環が生まれます。それは外国系住民を勇気づけるだけでなく、豊かな日本社会を築いていくためにも望ましいことなのです。

おわりに

　日本は今、少子高齢化による人手不足を解消するために外国人労働者の受け入れを拡大していますが、これまでに見てきたように、80〜100年前にも朝鮮半島の人々を労働力として数多く受け入れていました。人権意識や社会環境も大きく変化して、当時と現在の状況は異なるところも多いでしょう。しかし、国内事情で多くの人に移住してきてもらったものの、その移住者の労働環境や社会の受け入れ態勢が整わず、彼らに多くの痛みや負担を背負わせてしまったり、国内事情が解消されたら出身国に帰ってもらうといったご都合主義の、移住者にとって理不尽な構造は、本質的に改善されたでしょうか。相変わらず繰り返されていたり、別の形で新たに生じている問題があると思えてなりません。

　また、移住すれば安定を求め、家族と平穏に過ごすことを望むのは、人にとってあまりにも当然のことであり、特に子どもたちには自分たちの文化や価値観を受け継ぎながら、のびのびと育ってほしいと願うものです。現在は、行政も学校も地域も、彼らに早く日本語を覚えてもらい、日本の生活習慣に馴染んでもらうことに総力を傾けていますが、彼ら自身のことばや生活習慣、価値観が維持され、尊重されるべきだという点については、まだまだ私たちの意識も施策も追いついていないように思われます。

　なぜ日本に暮らすことになったのかという背景事情は、私たちの理解や想像の及ばないところかもしれません。グローバル化が進んだ現在では、近隣諸国はもちろん、遠く離れた地域のさまざまな政治的、経済的、社会

的事情が複雑に絡み合っている場合もあるでしょう。出身国との行き来や親族との関係維持のしかたなども、日本でしか暮らしたことのない日本人には思いもつかないものだったりします。本章で述べたコリア系住民の歴史を通じて、もし自分だったら、あるいは自分の身近な人だったら、と置き換えてみてはいかがでしょうか。それが異国で暮らす人々の日常や心情の機微への想像力を養う一助になるのではないかと思うのです。

そして、今後も外国からやってきて隣人となる人々とともに暮らしていくには、私たちが彼らのことばや文化を理解することも重要です。もちろん、現在日本に暮らす、あるいは今後日本に暮らすであろう外国人の出身地域は多岐にわたっており、そのすべてのことばや文化を理解することはほぼ不可能です。しかし、ある外国語や異文化を理解しようとした経験は、そのほかのことばや文化に対する理解や想像力をも豊かにします。何より理解しようとする姿勢、尊重しようとする態度こそが大切なのです。

皆さんの周りには、どんなことばと文化を背景とする隣人がいますか。まずはその人、その人たちのことばと文化に一歩近づいてみてはいかがでしょうか。その先に予想もしていなかった新しい世界が広がっているかもしれませんよ。

参考文献

ウリハッキョをつづる会 (2001)『朝鮮学校ってどんなとこ?』社会評論社.

鍛冶致 (2013)「エスニック・スクールを選択したニューカマー保護者の教育戦略」志水宏吉・山本ベバリーア・鍛冶致・ハヤシザキカズヒコ編『「往還する人々」の教育戦略—グローバル社会を生きる家族と公教育の課題—』明石書店, pp. 74-84.

神奈川県渉外部国際交流課 (1992)『ともに—見る、知る、考える。在日韓国・朝鮮人と私たち—』明石書店.

姜尚中 (2008)『在日』集英社.

金賛汀 (1985)『異邦人は君ヶ代丸に乗って—朝鮮人街猪飼野の形成史—』岩波書店.

金時鍾 (2015)『朝鮮と日本に生きる—済州島から猪飼野へ—』岩波書店.

姜在彦・金東勲 (1989)『在日韓国・朝鮮人—歴史と展望—』労働経済社.

杉谷依子 (1993)「大阪の外国人教育の取組み—副読本『サラム』一二巻の作製から実践へ—」「月刊社会教育」編集部編『日本で暮らす外国人の学習権』国土社, pp. 108-119.

朴一 (1999)『〈在日〉という生き方—差別と平等のジレンマ—』講談社.

終章

数字で見るニッポン

白山利信・柿原武史・芹川京次竜

留学生支援のミーティングの日常風景（筑波大学）

最近、大都市や観光地だけではなく、どこへ行っても外国人の姿を目に
するようになりました。そして、さまざまな言語が聞こえてくるようになりま
した。本書ではさまざまな事例を取り上げて、日常的に多言語が使われ
ているニッポンの今に迫ってみました。終章では、そんなニッポンの今を
客観的な数字で検証してみたいと思います。

はじめに

　日本は移民国家でしょうか。この質問に多くの人は「日本は移民国家ではない」と答えるでしょう。しかし、私たちの周りには外国人（と思われる人々）が確実に増えてきています。2010年代に入って訪日観光客による「爆買い」が話題になりましたが、短期間日本に滞在する観光客が増えただけでなく、住民として暮らす人たちも増えています。このような観光客としての外国人、生活者としての外国人は、なぜ、そしてどのくらい増えているのでしょうか。また、彼、彼女たちはどこから来ているのでしょうか。そして、一般的には「移民国家ではない」と考えられている日本において、彼、彼女たちはどのような法的枠組みで住民として暮らしているのでしょうか。終章では、日本における外国人の増加の実態を探るべく、各種統計の数字を読み解いていきましょう。

生活者として日本で暮らす外国人の増加

　2019年10月に発表された法務省の「令和元年6月末現在の在留外国人数について（速報値）」によると、2019年6月時点での在留外国人数は282万9,416人で、2018年末に比べて9万8,323人（3.6%）増加し、過去最高となりました。約60年前に比べると4倍以上に増えています（図1）。

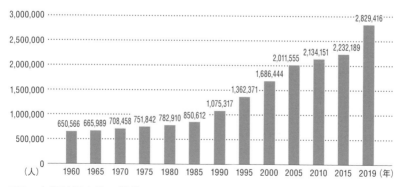

図1　在留外国人数の推移

国立社会保障・人口問題研究所（2020）に基づき作成

では、生活者としての在留外国人の人口はなぜ増加しているのでしょうか。その一つの理由は、日本の社会構造の変化に起因する経済的な問題にあります。日本社会は戦後、高度経済成長を成し遂げ、先進国の仲間入りを果たし、さらに社会的成熟期を迎えていく過程で、ライフスタイルや価値観の多様化が広がる一方、晩婚化・非婚化も急速に進みました。同時に、食生活や医療・健康分野の水準が飛躍的に高まったことなどもあり、男女ともに世界屈指の平均寿命の高さを維持し続け、社会全体の高齢化も加速しました。その結果、日本社会が超少子高齢化に直面し、労働人口の比率が徐々に低下していったのです。

　現在では、サービス業や製造業、農業や水産業、建設業など数多くの業種で労働力が相対的に著しく不足し、そうした仕事のニーズを敏感にキャッチし、自国よりも給与水準や生活条件等の良い日本に職を求めてやってくる人が増えているのです。

　これまで日本は、公には移民を受け入れる政策を採ってきていません。原則として単純労働を目的とする外国人は受け入れてこなかったのです。しかし、上記のような労働人口構成の変動などが契機となり、さまざまな在留資格で日本に長期間滞在し、働く外国人が増えてきたという事情があるのです。ちなみに、在留資格とは、「外国人が日本に在留する間、一定の活動を行うことができること、あるいは一定の身分または地位を有するものとしての活動を行うことができることを示す、〈入管法上の法的資格〉」（山田・黒木 2012: 32-33）のことです。

　生活者として日本で暮らす外国人約283万人のうち、その半数以上にあたる約166万人が仕事に就いています（「外国人雇用状況の届出状況について（2019年10月末現在）」）。仕事に就けるのは、永住資格を持つ外国人、専門家・技術者、技能実習生などですが、留学生のアルバイトも実はとても貴重な労働力になっています。在留資格別では、「永住者」が78万3,513人、「留学」が33万6,847人、「技能実習」が36万7,709人、「特別永住者」が31万7,849人でした（図2）。

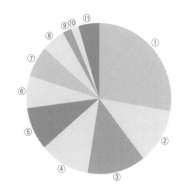

①永住者	27.7%	783,513人
②留学	11.9%	336,847人
③技能実習	13.0%	367,709人
④特別永住者	11.2%	317,849人
⑤技術・人文知識・国際業務	9.1%	256,414人
⑥定住者	7.0%	197,599人
⑦家族滞在	6.8%	191,017人
⑧日本人の配偶者等	5.1%	143,246人
⑨特定活動	2.2%	61,675人
⑩技能	1.4%	40,361人
⑪そのほか	4.7%	133,186人

図2　在留資格別の在留外国人数と割合（2019）

法務省（2019）に基づき作成

　また、2019年4月1日に「出入国管理及び難民認定法及び法務省設置法の一部を改正する法律」が施行されました。それに伴い、外国人の在留資格が大幅に緩和され、2019年度から5年間で約26万〜約34万人の受け入れを想定していると言います。

　在留外国人の居住地を都道府県別（2019年6月現在）に見ると、東京都58万1,446人、愛知県27万2,855人、大阪府24万7,184人、神奈川県22万8,029人、埼玉県18万9,043人の順で多く、基本的には大都市を擁する地域に集中していますが、全国的に増加しています。

高い占有率を示すアジア諸国出身者

　生活者として日本で暮らす外国人の国籍も多種多様です。出身国は全世界の196ヵ国・地域にのぼります。法務省の調べ（2019年6月末）によると、在留外国人数で上位を占めるのが、中国、韓国、ベトナム、フィリピン、ブラジル、ネパール、台湾、インドネシア、米国、タイで、全体の85.5%（約233万人）に相当します。特に中国、韓国、東南アジア諸国出身者の占める割合が全体として非常に高いことが大きな特徴です（図3）。

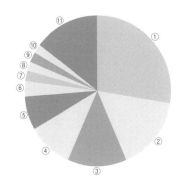

①中国	27.8%	786,241人
②韓国	16.0%	451,543人
③ベトナム	13.1%	371,755人
④フィリピン	9.8%	277,409人
⑤ブラジル	7.3%	206,886人
⑥ネパール	3.3%	92,804人
⑦台湾	2.2%	61,960人
⑧インドネシア	2.1%	61,051人
⑨米国	2.1%	58,484人
⑩タイ	1.9%	53,713人
⑪そのほか	14.4%	407,570人

図3　出身国籍・地域別の在留外国人数と割合（2019）

法務省（2019）に基づき作成

旅行など短期滞在で日本を訪れる外国人の増加

　さらに日本政府観光局が公表している「月別・年別統計データ（訪日外国人・出国日本人）」によると、観光やビジネスなどの目的で訪日する短期滞在（90日以内）の外国人は、統計上は「訪日外客」と呼ばれ、2019年12月現在、約3,188万人で過去最高人数になりました。この数は30年前のおよそ10倍に相当します（図4）。日本の総人口の4分の1の規模の外国人観光客がもたらす経済効果は計りしれません。ちなみに、同年に海外に行った日本人の数は約2,008万人のため、外国人の入国が、日本人の出国を大きく上回っていることがわかります。

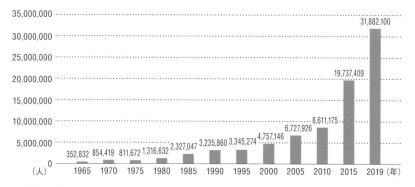

図4　訪日外国人数の推移

日本政府観光局（2019）に基づき作成

　図5は、観光を主な目的とする訪日外国人数の国別上位10ヵ国・地域を示しています。2019年は、中国、韓国、台湾、香港、米国、タイ、オーストラリア、フィリピン、マレーシア、ベトナムの順になります。中でも中国、香港、台湾を合わせた中国語圏からの観光客数は、約1,678万人に達し、全体の5割（52.6％）以上に上ります。韓国の観光客数の割合も大きく、約558万人という数値は全体の約5分の1（17.5％）に相当します。これらの数字を見ると、中国語や韓国語の重要性が理解できます。また東京オリンピック・パラリンピックの開催から大阪・関西万博の開催される時期にかけて多くの訪日外国人が日本を訪れることが予想されます。

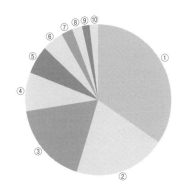

①中国	34.7%	9,594,300人
②韓国	20.2%	5,584,600人
③台湾	17.7%	4,890,600人
④香港	8.3%	2,290,700人
⑤米国	6.2%	1,723,900人
⑥タイ	4.8%	1,319,000人
⑦オーストラリア	2.3%	621,800人
⑧フィリピン	2.2%	613,100人
⑨マレーシア	1.8%	501,700人
⑩ベトナム	1.8%	495,100人

図5　国籍別訪日外国人数上位10ヵ国の割合（2019）

日本政府観光局（2019）に基づき作成

ところで、なぜ日本で観光目的の外国人の数が増加しているのでしょうか。

　その背景には、かつて立ち後れていた日本のインバウンド、つまり外国から日本にやってくる旅行者を増やし、新規雇用の創出と地域経済の活性化を図る国家戦略の一つとして、観光推進政策を強力に推し進めてきたことがあります。2006年12月に制定・施行された観光立国推進法では、国と地方自治体との協力を前提とする基本施策として、①国際競争力の高い魅力ある観光地の形成、②観光産業の国際競争力の強化及び観光の振興に寄与する人材の育成、③国際観光の振興、④観光旅行の促進のための環境整備の4つが明記されています。この法律に基づいて財政的措置が施され、官民あげての努力が功を奏した結果、現在、外国人観光客の呼び込みに成功していると考えることができます。

多言語で提供されている青森市の観光パンフレット

おわりに

　このように日本社会における外国人増加の背景には、日本の労働力不足を半ば補完する形での外国人労働者の増加と、国家的な観光産業振興政策による外国人旅行者の増加という2つの大きな要因があるのです。

今後しばらく、国内の労働力不足が解消される見込みがないこと、官民をあげた観光産業の強化が継続することなどから、外国人の増加傾向が続いていくことが予想されます。さらには、2019年4月に「出入国管理及び難民認定法及び法務省設置法の一部を改正する法律」が施行され、外国人の在留資格の取得が緩和されたことに加えて、東京オリンピック・パラリンピックや2025年の大阪万博といった大型イベントの開催などが追い風となり、外国人生活者と外国人旅行者の増加がかつて経験したことのない規模で加速化する可能性が高いと見込まれています。

＊本章は、筑波大学「日本財団　中央アジア・日本人材育成プロジェクト」の助成による成果の一部です。

参考文献

山田鐐一・黒木忠正 (2012)『よくわかる入管法　第3版』有斐閣.

Webサイト

観光庁 (2006a)「観光立国推進基本法」<https://www.mlit.go.jp/common/000058547.pdf> (2020年4月24日閲覧)
観光庁 (2006b)「観光立国推進基本法の概要」<https://www.mlit.go.jp/common/000058546.pdf> (2020年4月24日閲覧)
国立社会保障・人口問題研究所 (2020)「人口統計資料集2020年版」<www.ipss.go.jp/syoushika/tohkei/Popular/Popular2020.asp?chap=0> (2020年4月24日閲覧)
日本政府観光局 (2019)「月別・年別統計データ（訪日外国人・出国日本人）」<https://www.jnto.go.jp/jpn/statistics/visitor_trends/?tab=block1> (2020年4月24日閲覧)
法務省 (2019)「令和元年6月末現在における在留外国人数について（速報値）」法務省入国管理局 <http://www.moj.go.jp/nyuukokukanri/kouhou/nyuukokukanri04_00083.html> (2020年4月24日閲覧)
法務省入国管理局 (2018)「在留外国人を取り巻く最近の状況と課題」<https://www.kantei.go.jp/jp/singi/keizaisaisei/miraitoshikaigi/suishinkaigo2018/koyou/dai5/siryou6.pdf> (2020年4月24日閲覧)

あとがき

　本書で眺めてきたように、日本に住む私たちにとって、日本語以外のさまざまな言語は、実はすでにとても身近なものになっています。その中には、観光や就労のために来日する外国人の外国語だけはなく、聴覚障がい者が「話す」手話や、コリア系住民の人たちのことばも含まれます。そういうことを実感してもらいたい、そして、そのような外国語や、コミュニケーションについて学んでみようとする人が増えてほしいという想いで書いたのが本書です。

　とはいえ、日本に住む外国人や日本で現実に使われている外国語という話題については、これまでにも文化人類学、多文化共生論、移民政策論、日本語教育学あるいは第二言語習得論といった専門分野の観点から、数多くの本が著されてきました。

　本書ではそのような専門的な分析や論述ではなく、言語教育に関わる者の視点から、日本で日常的に使われている外国語の実像を描き出そうと努めました。外国語は私たちにとって縁遠いものではなく、目を向けさえすれば、すぐ隣にそのような言語による営みがあるのです。

　その人たちのことばを一つ一つ地図に描き込んでいけば、さまざまな外国語に彩られている日本地図が見えてくると思います。私たちは「日本多言語地図」の中に暮らしていると言えるのではないでしょうか。

　そこで、本書を読んでくださった皆さんにお願いです。

　次に街なかに出かけるときには、そこで聞こえてくる日本語以外の外国語に耳を傾けてみてください。英語のリスニングだって難しいのに、英語でもない外国語を聞いたってわかるはずがないと思うかもしれません。確かに、それはその通りです。お願いしたいのは、その言語を理解してくださいということではありません。日本語ではない別の言語を話している人たちが、日常生活のどのような出来事をその言語で話しているか想像してみてほしいということです。本書を読んでくださった皆さんが、仮にその

会話に参加するとしたら、その人たちとどのようなことを話しかけることになるでしょうか。一緒に食事に行った店の味のことかもしれませんし、職場の同僚についてのグチかもしれません。いずれにしても、その外国語とその外国語を話す人たちのことが今までよりもずっと身近に感じることができると思います。

　日本語を母語としない人たちとSNSでのメッセージをやりとりする機会があるなら、本書で紹介した「多言語スタンプ」を使ってみてはどうでしょうか。もちろん、それだけで仲良くなったり、それまで伝えられなかったことが伝えられるようになったりはしないでしょう。それでも、その人の言語であいさつをするのと同じように、多言語スタンプを使ってみることが、次のコミュニケーションにつながるはずです。

　外国語を学ぶようになるきっかけは人それぞれです。外国の文化に興味があるから、あるいは語学が好きだから、という前向きな姿勢で外国語を学ぼうという人もいるでしょう。一方で、就職に有利だと思うから、学校で必修科目だから、あるいは、せっかくこれまで勉強してきたから、という、どちらかと言えば後ろ向きな理由で外国語を学ぶことになった人もいると思います。

　どちらの姿勢で外国語を学ぶのであっても、そのことばの向こう側に、どのような顔をした人がいるのか、その人たちがどのような日常を送っているのか、ということを想像してみてください。相手が見えることで、その外国語への興味がより深まると思います。

　そのような想像をする際に、本書の内容が役に立つなら、そして、それがきっかけで新しい外国語を学んでみようとする方が出てくださるなら、本書を書いた私たちとしては本望です。

　最後に、本書に至るまでに協力や励ましをいただいた皆さまに、この場を借りてお礼を申し上げます。

執筆者一覧

臼山利信（うすやま・としのぶ）
　筑波大学人文社会系教授。専門は、スラヴ語学、外国語教育学、言語政策論。第7章、第8章、終章執筆。

岡本能里子（おかもと・のりこ）
　東京国際大学国際関係学部、大学院国際関係学研究科教授。専門は、社会言語学、日本語教育学、国際理解教育、異文化コミュニケーション論。第3章、第8章執筆。

柿原武史（かきはら・たけし）＊
　関西学院大学商学部、大学院言語コミュニケーション文化研究科教授。専門は、社会言語学、言語政策論、スペイン語教育。まえがき、序章、第4章、第6章、終章執筆。

上村圭介（かみむら・けいすけ）＊
　大東文化大学外国語学部教授。専門は、言語政策論、日本語教育学、情報通信政策論。第2章、あとがき執筆。

榮谷温子（さかえだに・はるこ）
　慶應義塾大学非常勤講師、東海大学非常勤講師、東京大学非常勤講師、早稲田大学非常勤講師。専門は、アラビア語学、アラビア語教育学。第1章執筆。

芹川京次竜（せりかわ・きょうしろう）
　筑波大学大学院人文社会科学研究科修士課程修了。専門は、文化人類学。第7章、終章執筆。

長谷川由起子（はせがわ・ゆきこ）＊

　九州産業大学地域共創学部教授。専門は、韓国語教育学、韓国語学。第6章、第9章執筆。

森住　衛（もりずみ・まもる）

　大阪大学名誉教授、桜美林大学名誉教授。専門は、英語教育学、言語文化教育学、外国語学。第5章執筆。

＊は編者。所属は2020年4月現在。

編者紹介

柿原武史（かきはら・たけし）

所 属	関西学院大学商学部、大学院言語コミュニケーション文化研究科教授
略 歴	大阪大学大学院言語文化研究科博士後期課程修了。大分大学経済学部、南山大学外国語学部を経て2016年より現職。
主 著	『ことばを教える・ことばを学ぶ―複言語・複文化・ヨーロッパ言語共通参照枠（CEFR）と言語教育―』（共著、行路社、2018）、『外国語教育は英語だけでいいのか―グローバル社会は多言語だ！―』（共著、くろしお出版、2016）、『日本の言語教育を問い直す―8つの異論をめぐって―』（共著、三省堂、2015）など

上村圭介（かみむら・けいすけ）

所 属	大東文化大学外国語学部教授
略 歴	大阪大学大学院文学研究科博士前期課程修了。国際大学グローバル・コミュニケーション・センターを経て2014年より大東文化大学外国語学部。
主 著	『外国語教育は英語だけでいいのか―グローバル社会は多言語だ！―』（共著、くろしお出版、2016）、『インターネットにおける言語と文化受容』（共著、NTT出版、2005）など

長谷川由起子（はせがわ・ゆきこ）

所 属	九州産業大学地域共創学部教授
略 歴	大阪外国語大学（現大阪大学）大学院外国語研究科修士課程修了。通訳・翻訳・講師業を経て2000年より九州産業大学国際文化学部、2018年より現職。
主 著	『コミュニケーション韓国語　聞いて話そうⅡ』（共著、白帝社、2016）、『外国語教育は英語だけでいいのか―グローバル社会は多言語だ！―』（共著、くろしお出版、2016）、『コミュニケーション韓国語　聞いて話そうⅠ』（白帝社、2012）、『韓国語スタート！』（アルク、2008）など

今そこにある多言語なニッポン

発　行	2020 年 6 月 17 日　初版第 1 刷発行
編　者	柿原武史・上村圭介・長谷川由起子
発行人	岡野秀夫
発行所	株式会社くろしお出版
	〒 102-0084　東京都千代田区二番町 4-3
	TEL: 03-6261-2867　FAX: 03-6261-2879
	URL: http://www.9640.jp　e-mail: kurosio@9640.jp
書籍デザイン	スズキアキヒロ
印刷所	藤原印刷株式会社